Os sabores
da *Sicília*

Dados Internacionais de Catalogação na Publicação (CIP)
(Câmara Brasileira do Livro, SP, Brasil)

Montanarini, Maria
   Os sabores da Sicília / Maria Montanarini ; texto histórico de Marcia Camargos. – São Paulo : Editora Senac São Paulo, 2003.

   Bibliografia
   ISBN 978-85-7359-941-1

   1. Culinária italiana – Estilo siciliano  2. Gastronomia  I. Camargos, Marcia.  II. Título.

04-0714                              CDD-641.509458

Índices para catálogo sistemático:
1. Receitas culinárias sicilianas         641.509458
2. Sicília : Receitas culinárias          641.509458

# Os sabores da *Sicília*

Maria Montanarini

TEXTO HISTÓRICO
Marcia Camargos

CARTA DE VINHOS
J. A. Dias Lopes

3ª edição

Editora Senac São Paulo – São Paulo – 2003

Administração Regional do Senac no Estado de São Paulo
*Presidente do Conselho Regional*: Abram Szajman
*Diretor do Departamento Regional*: Luiz Francisco de A. Salgado
*Superintendente Universitário e de Desenvolvimento*: Luiz Carlos Dourado

Editora Senac São Paulo
*Conselho Editorial*: Luiz Francisco de A. Salgado
Luiz Carlos Dourado
Darcio Sayad Maia
Lucila Mara Sbrana Sciotti
Luís Américo Tousi Botelho

*Gerente/Publisher*: Luís Américo Tousi Botelho
*Coordenação Editorial*: Ricardo Diana
*Prospecção*: Dolores Crisci Manzano
*Administrativo*: Verônica Pirani de Oliveira
*Comercial*: Aldair Novais Pereira

*Preparação de Texto*: Débora Lima Aires Custódio
*Revisão de Texto*: Adalberto de Oliveira, Ivone P. B. Groenitz, Kimie Imai,
Luiza Elena Luchini, Leticia Castello Branco
*Projeto Gráfico, Editoração Eletrônica e Capa*: Antonio Carlos De Angelo
*Fotos e ilustrações*: cedidas pela Câmara Ítalo-Brasileira de Comércio e Indústria
*Impressão e Acabamento*: Gráfica CS

Proibida a reprodução sem autorização expressa.
Todos os direitos desta edição reservados à
*Editora Senac São Paulo*
Av. Engenheiro Eusébio Stevaux, 823 – Prédio Editora
Jurubatuba – CEP 04696-000 – São Paulo – SP
Tel. (11) 2187-4450
editora@sp.senac.br
https://www.editorasenacsp.com.br

© Maria Amato Montanarini, 2003

# Sumário

*7* Nota do editor

*9* Laços sicilianos

*15* Receitas

*197* Carta de vinhos sicilianos

*201* Sicília revisitada: uma viagem cultural e gastronômica

*259* Índice de receitas

# Nota do editor

Maior ilha do Mediterrâneo e território carregado de história várias vezes milenar, onde atuaram fenícios, gregos, romanos, árabes, normandos e espanhóis, a Sicília é famosa também pela excelência de seus pratos e inconfundíveis sabores. Uma italiana que muito bem conhece a ilha desde a infância e que mora no Brasil há cinco décadas, Maria Montanarini, comprova isso com muitas receitas, algumas das quais lhe foram passadas pela sogra siciliana. A autora não apenas as pôs em prática na sua atividade de ótima cozinheira familiar como as vem experimentando na condição de *chef* e coproprietária de restaurantes em São Paulo.

Este livro agrega a essa credencial um procedimento que tem sido padrão nas publicações do Senac São Paulo sobre gastronomia: a informação histórica e cultural que contextualiza a particularidade culinária em foco. Faz-se assim nesta obra por meio de dois trabalhos de profissionais especializados, o jornalista J. A. Dias Lopes e a historiadora Marcia Camargos. O público geral interessado e os estudantes de turismo e gastronomia das Faculdades Senac na capital e no interior de São Paulo encontram aqui o essencial dos universalmente apreciados sabores sicilianos.

# Laços sicilianos

Eu não conheci meu avô paterno nem minha avó materna. Vivemos muitos anos com o pai da minha mãe, Domenico Amato, que era ao mesmo tempo sogro e tio dos meus pais, pois eles eram primos de primeiro grau – filhos de dois irmãos Amato: Domenico e Antonio Amato. Meu avô Domenico, ou Dom Mício, como era mais conhecido, era um homem bonito, alto, com um enorme bigode.

Moramos até meus 8 anos em Gênova, e passávamos as férias escolares na Sicília, na casa de campo do meu avô, em uma cidadezinha chamada San Miceli, que fica a uma hora de carro de Messina. Essa casa foi comprada pelo meu avô por minha causa, pois eu sofria de bronquite e precisava de ar puro.

Lembro-me bem que Dom Mício preparava o café da manhã para todos nós. Ele torrava fatias de pão caseiro no fogão a carvão e depois passava sobre elas uma camada de banha de porco. O cheiro se espalhava pela casa, e ele nem precisava nos chamar quando o café estava pronto: aquele aroma era o despertador da casa! Num piscar de olhos, eu e minhas irmãs aparecíamos na cozinha.

Meu avô sabia cozinhar, mas quando ficou mais idoso teve problemas de saúde e precisou seguir uma dieta rigorosa. Ele fervia o *pescestocco* – um tipo de bacalhau seco – com batatas, e, na hora de servir, regava tudo com azeite de oliva de ótima qualidade e um pouco de sal. Até hoje, esse é o meu prato predileto e também o das minhas irmãs.

Meu pai também sabia cozinhar, e era um grande inventor. Fazia experiências, variava os molhos, acrescentava ingredientes novos (aqueles que tinha à mão). Seus pratos eram sempre uma surpresa: saborosos e diferentes. Em nossa casa sempre havia convidados para o almoço ou jantar. Meu pai sempre convidava um amigo ou parente, pois tinha comida farta. Mas, se por acaso não tivesse comida para todos, isso não o preocupava. Ele entrava na cozinha e em poucos minutos preparava uma massa deliciosa.

Das muitas lembranças que tenho de minha infância, boa parte passou-se em festas típicas da Sicília. A *vendemmia*, tempo de colheita das uvas, ocorria em setembro, e era aguardada o ano inteiro! Minha tia Anna tinha um *podere*, uma espécie de chácara, onde cultivava uvas para fazer vinho. Ela sempre nos convidava para passar o dia na chácara e participar da colheita. Cada um levava uma cestinha e uma tesoura. Quando o cesto ficava cheio, as uvas eram levadas para um tanque enorme. No final, tirávamos os sapatos e pisávamos em toda aquela uva. Lá pelo meio-dia, o almoço era servido: em geral, o prato principal era o *Agnello alla Cacciatora*. Nessa ocasião minha tia aproveitava para extrair o mosto das uvas, para fazer a *Mustarda*, doce que parece uma manjar, feito em forminhas de barro e guardado para ser consumido no inverno.

Também a Pasquela, comemorada um dia após a Páscoa, era muito aguardada. Todos costumavam fazer piqueniques, e a família se reunia. Minha tia levava a Torta Pasqualina, torta apropriada para se comer no período da Semana Santa, por não conter carne no recheio. Minha mãe também fazia essa torta na Semana Santa, porém, na hora de servir, quebrava um ovo para cada membro da família.

A casa onde morávamos em Messina, até a guerra (Segunda Guerra Mundial), era no segundo andar de um pequeno sobrado. Tinha um grande terraço, com saída pela cozinha. Debruçada nele, podia-se ver uma enorme árvore de figos roxos. Como eram gostosos! Nós os colhíamos quando eles apresentavam a *camicedda stracciata*, ou seja, quando a pele ficava toda cheia de rachaduras. Com eles, minha mãe costumava fazer uma *Schiacciata* fabulosa. Infelizmente não tenho essa receita. Até tentei inventar uma, mas não ficou igual à de minha mãe. Também, os figos eram outros... Depois que a guerra acabou, minha mãe não pôde mais fazer a tal torta de figos, pois uma bomba acabou derrubando a árvore.

Quando a guerra terminou, nossa casa estava parcialmente destruída. O curtume do meu avô Domenico e de meu pai – eles trabalhavam juntos – estava em ruínas. A bigorna onde se batia o couro tinha desaparecido.

Meu pai sempre teve paixão pelo Brasil. Pelos livros que comprava, conhecia quase tudo sobre o país. Sempre achou que o Brasil era o país do futuro... Acabada a guerra, resolveu vir para cá. Assim que chegou, ficou deslumbrado com as possibilidades comerciais do país. Pouco tempo depois, avisou que arrumássemos as malas, pois ele havia decidido morar aqui.

Em 1950, minhas irmãs, Ana e Pina, partiram. Eu e minha mãe ficamos mais um pouco, pois eu estava terminando a faculdade de letras e faltava pouco para a formatura.

Nesse meio-tempo, prestei um concurso para lecionar nas escolas da prefeitura. Acabei passando, e fui dar aulas em uma cidadezinha que eu mesma havia escolhido. Lembro-me que a tal cidade ficava longe. Eu ia de trem, mas tinha que descer na estação e seguir um bom pedaço a pé. A cidade ficava na montanha, e muitas vezes eu percorria a longa subida montada num burrinho. Lá, a "professora" usufruía de grande *status*! Depois da polícia, os chamados *carabinieri*, era a segunda personalidade do local.

Com meu diploma em mãos, eu e minha mãe partimos para o Brasil, ao encontro da família. Lembro do desembarque no Porto de Santos. Assim que cheguei, conheci uma pessoa que depois se tornaria meu marido e pai de meus dois filhos. Meus tesouros!

Quando me casei, em 1951, eu não sabia cozinhar muito bem. Sempre estudei e não tive tempo para aperfeiçoar meus dotes culinários como minhas duas irmãs. Mas precisei aprender, pois meu marido estava muito bem acostumado com a "comidinha da mamãe", e sempre fazia comparações... Então pedi que minha irmã, Pina, me desse umas aulas de culinária. E pedi a ajuda de minha sogra também, pois eu queria aprender a fazer os pratos de que meu marido gostava.

Depois de algum tempo, começaram a aparecer colegas de escola dos meus filhos para almoçar em nossa casa. Eles faziam questão de comer as delícias da *mamma* do Duílio e da Helena! Até hoje, quando reencontro alguns desses colegas, eles recordam as várias vezes que estiveram lá em casa, e muitas vezes lembram-se até mesmo das receitas de que mais gostavam, como o *Fuzili cu Ragu di Carni* ou o Macarrão com Ossobuco.

Meu pai vinha todos os domingos na minha casa, no Alto de Pinheiros, em São Paulo, e me ensinava várias receitas, entre elas o *Braciulittini di Carni* ou *di Tunnu Biancu*. No final de cada festa de aniversário, tanto meu como dos meus filhos, ele entrava na cozinha

Os sabores da *Sicília*

e preparava uma bela macarronada que era servida para os convidados que ainda estavam em casa. Isso acontecia às 11 da noite ou até mesmo à 1 da madrugada!

Certa vez, minha irmã precisou se ausentar da gerência da cozinha no restaurante em que trabalhava. Eu a substituí durante cinco anos, e assim teve início minha incursão pela culinária profissional.

Como é possível verificar pela pequena amostra que representa minha família, os sicilianos sempre foram grandes *gourmet*. O segredo dessa particularidade parece residir no fato de que a família siciliana tem prazer de cozinhar para amigos e parentes.

É claro que as receitas já estão ganhando transformações. A cozinha está mais leve. Substituiu-se a frigideira pelo forno. Já pode-se falar de cozinha siciliana moderna, com cruzamentos culturais, sensualidade, influências. É o fermento ativo dessa nova cozinha, que está pronta para reinventar e substituir! Mas aqui o leitor poderá conhecer as receitas tradicionais. E, à medida que lê as receitas, vai também conhecendo um pouquinho da origem de algumas delas, em fatos que se misturam com a própria história da ilha.

Bom apetite!

*Maria Montanarini*

# Receitas*

---
\* A tradução é literária e não literal. (N. do E.)

# ENTRADAS, SOPAS E SALADAS

## > ENTRADAS

## Alivi Scacciati
(AZEITONAS À SICILIANA)

INGREDIENTES:

500 g de azeitonas verdes
1 coração de salsão branco
2 colheres de sopa de alcaparras no vinagre
100 ml de azeite de oliva
1 ou 2 pimentas vermelhas
2 colheres de sopa de vinagre branco
1 colher de sobremesa de grãos de erva-doce amassados
sal e pimenta-do-reino a gosto

MODO DE PREPARO:

Retire os caroços das azeitonas e amasse-as com um martelo de madeira. Corte a parte interna do salsão em rodelas finas e pique as pimentas. Coloque as azeitonas e as alcaparras em uma tigela, tempere com o azeite, as pimentas, o salsão, o vinagre, os grãos de erva-doce, sal e pimenta-do-reino. Deixe tomar gosto por algumas horas antes de servir.

TEMPO DE PREPARO: 40 min.

RENDIMENTO: Serve de 6 a 8 pessoas.

# Arancini

(BOLINHOS DE ARROZ RECHEADOS)

INGREDIENTES:

500 g de arroz
50 g de queijo *pecorino* ralado
½ envelope de açafrão
4 ovos inteiros
molho ragu de carne (ver receita na p. 141)
100 g de queijo *canestrato* ou similar cortado em cubos
50 g de farinha de trigo
50 g de farinha de rosca
2 xícaras de óleo de girassol ou banha de porco
sal e pimenta-do-reino a gosto
folhinhas de sálvia para enfeitar

MODO DE PREPARO:

Ferva em água o arroz, juntando sal moderadamente, e depois escorrendo-o quando estiver *al dente*. Ainda quente, espalhe o arroz em uma pedra de mármore. Misture o arroz com o queijo *pecorino* ralado para formar liga.
Em seguida, dissolva o açafrão em uma xícara de água quente e junte ao arroz. Acrescente à massa 2 ovos batidos.
Quando tudo estiver bem misturado, coloque metade da massa na mão esquerda e cave um buraco ao centro com a ponta dos dedos da outra mão, onde será colocada uma boa colher de molho ragu. Nessa porção de molho, coloque um cubo de queijo de cerca 2 cm e acrescente pimenta-do-reino, caso seja necessário. Cubra com outra colherada de arroz. O *arancino* deve ser moldado com as mãos até atingir o formato de uma laranja, prestando-se sempre atenção para que o molho de ragu não vaze para fora. Depois é só empaná-lo na farinha de trigo, em 2 ovos batidos e em seguida na farinha de rosca.
Frite o *arancino* em uma frigideira grande com óleo (ou banha) fervente. Depois de fritos, enfeite cada bolinho com uma folhinha de sálvia, como se fosse o cabinho da laranja.

> CURIOSIDADE: Dentro da balsa que leva o trem do continente para a ilha (o *traghetto*) existe um bar onde se pode comer o *arancino*. De tão grande e gostoso, esse bolinho pode até subs-

tituir o almoço! O *arancino* é também servido como entrada em muitos restaurantes da ilha.

TOQUE PESSOAL: Em casa, eu aproveito sobras de arroz e de ragu para fazer os *arancini*.

TEMPO DE PREPARO: 60 min.

RENDIMENTO: 8 a 10 bolinhos.

## Attupateddi ccull' Agghiu e l'Ogghiu
(ESCARGOT EM ALHO E ÓLEO)

INGREDIENTES:

100 ml de azeite de oliva
2 dentes de alho cortados em lascas
1 macinho de salsinha picada
800 g de *escargot*
sal e pimenta-do-reino a gosto

MODO DE PREPARO:

Em uma panela de cerâmica (ou pedra-sabão), esquente o azeite com o alho e a metade da salsinha. Coloque o *escargot* e mexa com uma colher de pau até o azeite penetrar na casca. Tente tirar a pele que protege o *escargot*. Use um palito de dentes: se eles saírem com facilidade, é sinal de que estão prontos para serem servidos. Então, apague o fogo, acrescente o restante da salsinha, sal e pimenta.

> DICA: *Attupateddi* é um tipo de *escargot*. Como é difícil encontrá-lo no Brasil, a receita foi adaptada para o uso de *escargot*.
>
> CURIOSIDADE: Na Sicília, durante o inverno, era hábito comer *attupateddi*. Durante as primeiras chuvas saíamos para recolhê-los, e minha mãe os preparava da forma tradicional: ela deixava os *attupateddi* "expurgarem" durante um dia e uma noite inteiros.

TEMPO DE PREPARO: 15 min.

RENDIMENTO: 4 porções.

# Cacocciuli Chini
(ALCACHOFRAS RECHEADAS)

INGREDIENTES:

4 alcachofras frescas
suco de 1 limão
300 g de pão amanhecido ralado
100 ml de azeite de oliva
1 colher de sopa de alcaparras
100 g de queijo *pecorino* ralado
5 colheres de sopa de salsinha picada
100 ml de óleo de girassol
4 filés de aliche em azeite
2 tomates cortados em rodelas
sal e pimenta-do-reino a gosto

MODO DE PREPARO:

Lave as alcachofras e retire as folhas feias. Com uma tesoura, corte os cabos e as pontas das alcachofras. Deixe de molho em água com limão. Em uma terrina, coloque o pão ralado, azeite, as alcaparras, o queijo ralado (reserve um pouco do queijo), a salsinha, o sal e a pimenta. Misture bem.
Retire as alcachofras da água e bata-as de cabeça para baixo para abrir as folhas e retirar o excesso de água. Comece a rechear pelo centro, abrindo bem a alcachofra. Faça o mesmo com as folhas laterais. Quando todas estiverem recheadas, coloque-as em uma panela grande o suficiente para acomodá-las lado a lado.
Regue uma a uma com azeite. Coloque em cada alcachofra um filé de aliche, queijo ralado e uma rodela de tomate. Acrescente água até a metade da panela, juntando um pouco de azeite e óleo, sal e pimenta. Tampe e deixe cozinhar em fogo baixo.
Para saber se as alcachofras estão cozidas, basta retirar uma folha. Se ela soltar com facilidade, o prato está pronto!

TEMPO DE PREPARO: 40 min.

RENDIMENTO: 4 porções.

# Capunatina Siciliana
(BERINJELA AGRIDOCE)

INGREDIENTES:

1 kg de berinjela
400 g de cebola cortada em rodelas
4 dentes de alho cortados em lascas
2 colheres de sopa de azeite de oliva
1 talo de salsão branco picado
4 colheres de sopa de alcaparras
½ xícara de azeitonas verdes sem caroço
500 g de tomates sem pele e sem sementes
2 colheres de óleo de girassol
½ xícara de vinagre branco
1 colher de sopa de açúcar
sal e pimenta-do-reino a gosto

MODO DE PREPARO:

Corte as berinjelas em cubos, com a casca, coloque sal e deixe escorrer sobre uma peneira.
Numa panela, refogue a cebola e o alho no azeite. Acrescente o salsão, as alcaparras escorridas e as azeitonas, deixe refogar, e coloque os tomates bem picados.
Em uma frigideira antiaderente, frite no óleo as berinjelas escorridas. Quando estiverem coradas, retire e junte aos tomates na panela. Mexa, verifique o sal e coloque pimenta, e deixe tomar gosto. Junte o vinagre e o açúcar e continue a cozinhar em fogo baixo até reduzir o vinagre. Retire do fogo e espere esfriar.

> DICA: Essa receita também pode ser feita no forno, colocando-se todos os ingredientes na assadeira e mexendo de vez em quando.

TEMPO DE PREPARO: 30 min.

RENDIMENTO: Serve de 4 a 6 pessoas.

# Carote al Marsala
(CENOURA AO MARSALA)

INGREDIENTES:

500 g de cenouras lavadas e descascadas
4 colheres de sopa de azeite de oliva
2 dentes grandes de alho cortado em lascas
1 xícara de chá de vinho Marsala
1 macinho de salsinha picada
sal e pimenta-do-reino a gosto

MODO DE PREPARO:

Corte as cenouras em fatias grossas. Em uma panela, aqueça azeite de oliva, juntando o alho até dourar. Acrescente as cenouras, o sal e a pimenta. Cozinhe por 2 minutos, mexendo sempre. Junte o vinho Marsala e continue cozinhando em fogo baixo, com a panela tampada, por mais 10 minutos. Caso as cenouras ainda estejam duras, acrescente um pouco de água até completar o cozimento.
Depois de prontas, coloque-as em uma travessa e salpique salsinha por cima.

TEMPO DE PREPARO: 15 min.

RENDIMENTO: Serve 6 pessoas.

# Cassateddi di Caciu i Anciovi

(MEIA-LUA DE QUEIJO E ALICHE)

INGREDIENTES DA MASSA:

300 g de farinha de trigo
1 ovo inteiro
20 g de manteiga ou margarina
1 pitada de sal
½ copo de água ou mais

INGREDIENTES DO RECHEIO:

10 fatias de queijo minas meia cura
5 filés de aliche em azeite

MODO DE PREPARO:

*Massa:* misture os ingredientes até formar uma massa lisa e firme. Deixe descansar por 2 horas. Abra a massa bem fina com o rolo ou com a máquina caseira de fazer macarrão. Corte círculos de massa (do tamanho de uma xícara de chá).
*Recheio:* recheie cada círculo de massa com uma fatia de queijo e ½ filé de aliche escorrido. Dobre na metade (meia-lua), aperte bem as bordas e frite em óleo quente.

TOQUE PESSOAL: Eu, em vez de fritar, asso as meias-luas, passando por cima um ovo batido com a ajuda de um pincel.

TEMPO DE PREPARO: 30 min.

RENDIMENTO: 10 a 12 porções.

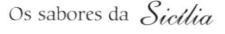

# Cucuzza all' Auruduci

(ABÓBORA AGRIDOCE)

INGREDIENTES:

1 kg de abóbora madura
4 colheres de sopa de azeite de oliva
1 dente de alho cortado em lascas
1 ramo de hortelã picada
1 ramo de salsinha picada
30 g de açúcar
½ copo de vinho branco misturado com 4 colheres de sopa de vinagre branco
sal e pimenta-do-reino a gosto

MODO DE PREPARO:

Corte a abóbora em fatias não muito finas.
Em uma frigideira antiaderente, coloque o azeite, o alho, a salsinha, a hortelã (reserve algumas folhinhas para enfeitar), sal e pimenta. Frite aos poucos as fatias de abóbora. Misture o açúcar no vinagre e despeje sobre as fatias de abóbora na frigideira.
Sirva colocando no prato as fatias como se fosse *carpaccio*. Regue com o molho que sobrou na panela e enfeite com folhas de hortelã.

> TOQUE PESSOAL: Eu não frito as fatias de abóbora. Uso uma frigideira antiaderente e, com pouco azeite, grelho as fatias de abóbora. Se quiser, acrescente ao molho um pouco de canela em pó.

TEMPO DE PREPARO: 30 min.

RENDIMENTO: Serve 6 pessoas.

# Cucuzzeddi ccu Scapici
(ABOBRINHA À ESCABECHE)

INGREDIENTES:

5 abobrinhas médias finas e compridas
½ xícara de óleo de girassol
1 colher de sopa de açúcar
3 colheres de sopa de vinagre
1 ramo de hortelã
1 dente de alho cortado em lascas
1 colher de sopa de uvas passas de molho em água morna
sal e pimenta-do-reino a gosto

MODO DE PREPARO:

Corte as abobrinhas pela metade e no comprimento, em tiras. Frite em óleo quente e reserve.
Na mesma frigideira, misture o açúcar ao vinagre, mexendo bem para dissolver o açúcar. Acrescente as folhas de hortelã picotadas com as mãos, o alho e as passas. Misture bem e coloque sal e pimenta.
Arrume as abobrinhas em um refratário, em camadas, regando-as com o molho. Deixe tomar gosto, tampando por algumas horas antes de servir.

DICA: Esse prato pode ser uma entrada ou um acompanhamento para assados.

TOQUE PESSOAL: Eu preparo essa receita e deixo em uma tigela de vidro por vários dias.

TEMPO DE PREPARO: 20 min.

RENDIMENTO: Serve de 6 a 8 pessoas.

# Filetti 'i Pipiruni
(PIMENTÃO EM TIRAS)

INGREDIENTES:

2 pimentões médios verdes
2 pimentões médios amarelos
2 pimentões médios vermelhos
4 colheres de sopa de farinha de rosca
4 colheres de sopa de queijo ralado
1 colher de sopa de alcaparras em óleo
1 colher de sopa de salsinha picada
1 colher de sopa de cebolinha verde picada
5 colheres de azeite de oliva
sal e pimenta-do-reino a gosto

MODO DE PREPARO:

Corte todos os pimentões pelo comprimento em tiras finas e coloque uma camada deles em um recipiente refratário untado. Sobre essa camada coloque a farinha de rosca misturada ao queijo ralado, as alcaparras, a salsinha, a cebolinha, sal e pimenta. Coloque outra camada de pimentões e cubra com os mesmos ingredientes. Faça assim até acabarem os pimentões.
Regue com azeite e leve ao forno brando por 1 hora.

TEMPO DE PREPARO: 40 min.

RENDIMENTO: Serve 10 pessoas.

# Friteddi di Baccalà

(BACALHAU FRITO COM MASSINHA)

INGREDIENTES:

500 g de bacalhau já dessalgado
150 g de farinha de trigo
água morna (suficiente para desmanchar a farinha de trigo)
½ xícara de óleo de girassol
sal e pimenta-do-reino a gosto

MODO DE PREPARO:

Escorra, enxugue e corte o bacalhau em quadrados.
Misture a farinha de trigo com água morna e algumas colheres de óleo. Verifique o sal e acrescente pimenta. Misture bem até a massa ficar lisa e líquida. Coloque os pedaços de bacalhau dentro dessa massa e frite em óleo quente até ficarem dourados e crocantes.
Retire com uma escumadeira e deixe sobre papel absorvente para retirar o excesso de óleo.

> DICA: Para dessalgar o bacalhau, deixe-o de molho em água fria por uma noite na geladeira. No dia seguinte, troque a água. Deve ficar na geladeira até a hora de preparar.

TEMPO DE PREPARO: 30 min.

RENDIMENTO: Serve 8 pessoas.

# Frittata 'cchi Faviani

(FRITADA DE FAVAS FRESCAS)

INGREDIENTES:

500 g de favas frescas sem casca
3 colheres de azeite de oliva
1 dente de alho cortado em lascas
10 folhas de manjericão
6 ovos
100 g de queijo *pecorino* ralado
sal e pimenta-do-reino a gosto

MODO DE PREPARO:

Deixe de molho as favas debulhadas em uma panela com água fria e um pouco de sal por meia hora. Retire-as e escorra-as.

Em outra panela, ferva um pouco de água. Quando atingir fervura, coloque as favas e cozinhe por 5 minutos. Escorra outra vez.

Em uma frigideira antiaderente com azeite, coloque o alho e o manjericão. Deixe tomar gosto e acrescente as favas, um pouco de sal e pimenta. Tampe e cozinhe por 5 minutos em fogo baixo. Quando as favas estiverem macias, apague o fogo e deixe esfriar.

Numa tigela, coloque os ovos, o queijo *pecorino* ralado, sal e pimenta (se necessário). Junte as favas e bata. Despeje os ingredientes numa frigideira antiaderente e, em fogo baixo, cozinhe até os ovos atingirem consistência de omelete. Use um prato grande para virar a fritada e cozinhá-la do outro lado. Quando pronta, pode ser servida quente ou até mesmo fria.

TEMPO DE PREPARO: 20 min.

RENDIMENTO: Serve 8 pessoas.

# Milincianeddi Sapurusi

(PEQUENAS BERINJELAS DELICIOSAS)

INGREDIENTES:

12 berinjelas pequenas
5 tomates sem pele e sem sementes
2 dentes de alho cortados em lascas
4 filés de aliche no azeite
1 colher de sopa de orégano
1 raminho de manjericão picado
4 colheres de azeite de oliva
½ xícara de óleo de girassol
sal e pimenta-do-reino a gosto

MODO DE PREPARO:

Corte os cabinhos das berinjelas e retire um pouco do miolo.
Misture o tomate cortado em tiras com o alho, os filés de aliche em pedacinhos, o orégano, o manjericão, sal e a pimenta. Recheie as berinjelas com esses ingredientes.
Coloque as berinjelas de pé em uma assadeira alta (capaz de conter as 12 berinjelas), uma ao lado da outra. Jogue um pouco de azeite por cima e por baixo. Colocar o ½ copo de óleo misturado a ½ copo de água. Cozinhe em forno preaquecido por 40 minutos. Retire quando as berinjelas estiverem coradas e macias.

DICA: Os recheios podem ser variados. Usando sempre tomate sem pele e sem sementes, troque os filés de aliche por salame cortado em tiras, queijo fresco, molho ragu ou até mesmo queijo ralado.

TEMPO DE PREPARO: 15 min.

RENDIMENTO: Serve de 6 a 8 pessoas.

# Milinciani Chini
(BERINJELA RECHEADA)

INGREDIENTES:

8 berinjelas pequenas
1 xícara de queijo fresco cortado em cubos
1 dente de alho cortado em lascas
10 folhas de hortelã picadas
1 colher de sopa de pimenta-do-reino
1 xícara de óleo de girassol
1 cebola cortada em rodelas
1 xícara de molho de tomate (ver receita na p. 145)
1 colher de chá de açúcar
1 colher de sopa de vinagre branco
sal a gosto

MODO DE PREPARO:

Retire os cabinhos das berinjelas e faça 3 cortes de cima para baixo. Misture o queijo, o alho, a hortelã e a pimenta e recheie as berinjelas com essa mistura. Deixe fritar rapidamente na frigideira com metade do óleo (somente para fechar os cortes).

Em outra frigideira, coloque o restante do óleo e frite a cebola. Junte o molho de tomate, sal, o açúcar e por último o vinagre. Coloque as berinjelas nesse molho e deixe cozinhar em fogo baixo, até ficarem macias.

DICA: Podem-se comer quentes, mas frias são mais gostosas.

TEMPO DE PREPARO: 20 a 25 min.

RENDIMENTO: Serve 8 pessoas.

# Milinciani da' Magna Grecia

(BERINJELA À MODA GREGA)

INGREDIENTES:

4 berinjelas médias
100 g de azeite de oliva misturado com sal
1 colher de azeite
8 batatas cozidas
100 g de queijo *pecorino* ralado
1 colher de sopa de manteiga
250 g de molho ragu de carne (ver receita na p. 141)
100 g de salame cortado em tiras
1 ramo de folhas de manjericão

MODO DE PREPARO:

Corte as berinjelas pelo comprimento em fatias grossas, com a casca. Passe-as na mistura do azeite com o sal. Grelhe as fatias no forno.
Unte com azeite uma fôrma redonda e alta, e acomode as fatias de berinjelas nas bordas e no fundo.
Com as batatas cozidas, prepare um purê consistente, usando a manteiga e a metade do queijo ralado.
Por cima das berinjelas, coloque o purê, o molho de ragu e o salame em tiras. Polvilhe tudo com o restante do queijo ralado e folhas de manjericão. Leve ao forno por 15 minutos. Deixe descansar antes de servir.

TEMPO DE PREPARO: 30 min.

RENDIMENTO: Serve 8 pessoas.

# Milinciani Sutt' Ogghiu
(BERINJELA EM CONSERVA)

INGREDIENTES:

4 berinjelas grandes frescas
1 xícara de vinagre branco
1 xícara de óleo de girassol
2 dentes de alho cortados em lascas
2 colheres de sopa de orégano
4 colheres de sopa de azeite de oliva
1 ou 2 pimentas vermelhas cortadas em rodelas
sal a gosto

MODO DE PREPARO:

Descasque as berinjelas e corte-as pelo comprimento em tiras finíssimas. Deixe-as mergulhadas por 12 horas em uma mistura de água, vinagre e uma pitada de sal, numa vasilha bem tampada e com um peso por cima. Escorra a água, esprema as fatias entre as mãos e deixe secar sobre um pano seco e limpo.
Coloque metade do óleo em um recipiente fundo, estique as fatias de berinjela e alterne as camadas com alho e orégano (reserve um pouco para a cobertura). Cubra com o restante do óleo misturado ao azeite de oliva. Termine com a pimenta vermelha e o orégano.

DICA: O segredo desse prato está na paciência em secar bem as fatias de berinjela e esticá-las uma por uma.

TEMPO DE PREPARO: 40 min.

RENDIMENTO: Serve 10 pessoas.

# Peperonata alla Siciliana
(PIMENTÕES À SICILIANA)

INGREDIENTES:

8 pimentões grandes de diferentes cores
3 colheres de azeite de oliva
2 cebolas cortadas em rodelas
3 colheres de sopa de vinagre de vinho
750 g de tomates maduros sem pele, sem sementes e cortados em cubos
250 g de azeitonas verdes
sal e pimenta-do-reino a gosto
um macinho de manjericão

MODO DE PREPARO:

Asse os pimentões e retire a tampa, a pele e as sementes de cada um. Corte-os em tiras.
Em uma panela, aqueça o azeite e doure as cebolas por 15 minutos. Junte o vinagre e deixe evaporar. Acrescente os tomates cortados em cubos e cozinhe por mais 15 minutos. Adicione os pimentões e deixe cozinhar por mais 10 minutos. Tempere com sal e pimenta. Pique as azeitonas e junte-as à mistura. Acrescente o manjericão, guardando algumas folhinhas para enfeitar. Misture tudo em fogo baixo por alguns minutos. Coloque em uma travessa e sirva com folhas frescas de manjericão por cima.

DICA: A *peperonata* pode ser comida logo depois de pronta ou de um dia para o outro.

CURIOSIDADE: É muito grande a variedade de pratos da culinária siciliana que utilizam pimentões. Não se sabe ao certo se foi a influência árabe que transformou o pimentão na marca registrada da ilha.

TEMPO DE PREPARO: 30 min.

RENDIMENTO: Serve 10 pessoas.

# Pisci d'Ovu
(FRITADA AROMÁTICA EM FORMA DE PEIXE)

INGREDIENTES:

8 ovos frescos
150 g de queijo *pecorino* apimentado ralado
150 g de farinha de rosca
1 dente de alho cortado em lascas
1 macinho de salsinha picada
6 colheres de sopa de azeite de oliva
sal e pimenta-do-reino a gosto

MODO DE PREPARO:

Existem duas maneiras para se preparar a tradicional fritada.
*A primeira maneira:*
Numa vasilha, bata os ovos, junte o queijo *pecorino* ralado, a farinha de rosca, a salsinha e o alho. Salpique com sal e pimenta e depois, com o auxílio de uma colher, despeje a massa no azeite quente, formando tiras compridas em formato de peixe.
*A segunda maneira:*
Segue-se o mesmo processo de preparo dos omeletes. Joga-se a massa de uma vez na frigideira. A fritada deve ser dobrada ao meio, desenhando-se a omelete com o formato de um peixe.

DICA: Cebola, ervas aromáticas, frios e outras qualidades de queijo poderão ser acrescidos para incrementar a receita.

TOQUE PESSOAL: Minha mãe fazia essa fritada usando cebola, queijo *pecorino* e farinha de rosca.

TEMPO DE PREPARO: 20 min.

RENDIMENTO: Serve 6 pessoas.

# Pulenta a' Siciliana
(POLENTA À SICILIANA)

INGREDIENTES:

500 g de brócolis
3 colheres de sopa de azeite de oliva
500 g de carne de porco moída
1 dente de alho grande cortado em lascas
1 colher de chá de pimenta vermelha
7 xícaras de caldo de carne (ver receita na p. 41)
250 g de fubá
sal e pimenta-do-reino a gosto

MODO DE PREPARO:

Limpe os brócolis e ferva-os em água e sal até amolecerem. Quando estiverem *al dente*, escorra bem (reserve algumas flores para enfeitar). Em uma frigideira grande, aqueça o azeite e acrescente a carne de porco, o alho, o brócolis e a pimenta vermelha. Cozinhe por 10 minutos, mexendo bem. Junte o caldo de carne. Quando começar a ferver, acrescente o fubá lentamente, mexendo sempre, durante 50 minutos. Verifique o sal e coloque um pouco de pimenta.
Retire do fogo quando o fubá estiver bem cozido. Se precisar, acrescente água quente. Sirva bem quente, enfeitado com as flores de brócolis reservadas, em uma sopeira.

TEMPO DE PREPARO: 20 min.

RENDIMENTO: Serve 6 pessoas.

# Torta Pasqualina
(TORTA DE PÁSCOA)

INGREDIENTES DA MASSA:

200 g de farinha de trigo
1 colher de sopa de azeite
1 gema
sal a gosto

INGREDIENTES DO RECHEIO:

1 maço de acelga fervida e escorrida ou espinafre
6 colheres de sopa de azeite
2 dentes de alho cortados em lascas
300g de ricota fresca
½ copo de creme de leite
2 colheres de sopa de farinha de trigo
4 colheres de sopa de queijo *pecorino* ralado
sal a gosto
4 ovos inteiros
1 gema para pincelar

MODO DE PREPARO:

*Massa:* Misture a farinha em pouca água, acrescentando o sal, pouco azeite e a gema. Trabalhe bem a massa. Divida em 4 partes. Cubra e deixe descansar por 30 minutos.

*Recheio:* Ferva a acelga, escorra e corte em pedaços pequenos. Refogue em 1 colher de azeite com o alho e coloque sal. Reserve. Passe a ricota na peneira, temperando com o creme de leite, um pouco de farinha, sal e parte do queijo ralado.

Forre uma fôrma redonda com uma parte da massa, unte com azeite e coloque outra parte. Recheie com as misturas de acelga e ricota. Faça 4 buracos espalhados na massa, e quebre 1 ovo dentro de cada buraco. Polvilhe um pouco de queijo ralado por cima dos ovos. Cubra com as duas parte de massa que estão aguardando, sem esquecer de pincelar com azeite a primeira camada antes de colocar a segunda. Faça um cordão com a massa que sobrar das laterais. Bata uma gema com um pouco de água e pincele toda a torta.

CURIOSIDADE: A receita tradicional leva sete camadas de massa por baixo, depois o recheio e mais sete camadas de massa por cima. Cada camada recebe uma pincelada de azeite. Quando assada, fica parecida com massa folhada.

TEMPO DE PREPARO: 60 min.

RENDIMENTO: Serve 4 pessoas.

## > SOPAS

## *Brodu i Carni*
(CALDO DE CARNE)

INGREDIENTES:

300 g de carne (músculo, fraldinha ou coxão duro)
200 g de galinha ou frango (peito ou coxa e sobrecoxa)
1 cebola grande cortada em 4 pedaços
2 cenouras inteiras
1 dente de alho cortado em lascas
1 talo de salsão com as folhas verdes
1 tomate maduro cortado ao meio
1 batata (opcional)
sal a gosto

MODO DE PREPARO:

Em uma panela grande, coloque as carnes mergulhadas em bastante água fria e levemente salgada. Cuide para que a água cubra as carnes. Deixe ferver, retire a espuma que se formou e depois junte todos os vegetais e cozinhe por 2 a 3 horas, até a carne ficar macia.

> DICA: Para usar o caldo, coe e reserve os sólidos. Esse caldo pode ser usado em risotos e molhos, como o *Molho Roti*. Para obter um bom caldo, ferve-se a carne em água fria. Para obter um bom cozido, ferve-se a carne em água fervente.

TEMPO DE PREPARO: 3 h.

RENDIMENTO: Serve 8 pessoas.

# Brodu i Pisci

(CALDO DE PEIXE)

INGREDIENTES:

1 kg de peixes sortidos com cabeça e espinha central (trilha, agulha, pescada grande)
1 cebola cortada em 4 pedaços
1 dente de alho cortado em lascas
1 ramo de salsinha
4 tomates cortados em 4 partes
2 ℓ de água quente
sal a gosto

MODO DE PREPARO:

Em uma panela grande coloque a água e os temperos. Quando abrir fervura coloque os peixes cortados ao meio e sal. Quando o peixe estiver bem cozido, coe.
Reserve o peixe para servir como segundo prato, temperando com azeite, sal e salsinha.

DICA: Esse caldo serve para cozinhar risoto ou para fazer molhos.

TEMPO DE PREPARO: 2 h.

RENDIMENTO: Serve 8 pessoas.

# Brodu Viggitàli
(CALDO DE LEGUMES)

INGREDIENTES:

500 g de batatas
150 g de cebolas
2 talos de salsão
3 cenouras
2 tomates
1 cravo
1 ℓ de água
sal e pimenta-do-reino a gosto

MODO DE PREPARO:

Em uma panela, junte todos os vegetais já lavados e cortados em cubos. Cubra com água fria, juntando o sal, a pimenta e o cravo. Tampe e cozinhe por uma hora em fogo baixo. Depois coe tudo numa peneira, sem amassar, pois será aproveitado apenas o caldo.

> DICA: Os legumes que sobrarem depois que o caldo for coado podem ser usados para fazer uma sopa-creme; basta espremê-los na peneira.

TEMPO DE PREPARO: 20 min.

RENDIMENTO: Serve de 4 a 6 pessoas.

# Sciusceddu
(SOPA DE CARNE E RICOTA FRESCA)

INGREDIENTES:

400 g de carne de vitela moída
miolo de 1 pãozinho francês amolecido no leite quente
1 ovo batido
1 raminho de salsinha picada
1 dente de alho cortado em lascas
100 g de queijo *pecorino* ralado
1 ℓ de caldo de carne ou legumes (ver receitas nas pp. 41 e 43)
5 gemas batidas
300 g de ricota fresca peneirada
5 claras
sal e pimenta-do-reino a gosto

MODO DE PREPARO:

Misture à carne moída o miolo de pão amolecido, o ovo, a salsinha, o alho, sal, pimenta e 50 g do queijo ralado. Misture tudo em uma terrina. Forme umas bolinhas e reserve.
Coloque em uma panela (que possa ir ao forno) o caldo de carne. Deixe esquentar bem. Depois, coloque as bolinhas de carne dentro do caldo. Deixe cozinhar por alguns minutos e retire do fogo.
Bata as gemas, misture a ricota, o restante do queijo ralado, sal e pimenta. Coloque por cima das bolinhas de carne e legumes que estão na panela. Bata as claras em neve e despeje-as por cima de tudo.
A panela vai ao forno preaquecido para formar um suflê. Pode ser servido como sopa ou prato único.

> CURIOSIDADE: *Sciusceddu* quer dizer "coisa inchada", suflê. Esse prato é característico da Páscoa.
>
> TOQUE PESSOAL: Eu coloco uma pitada de noz-moscada na ricota.

TEMPO DE PREPARO: 30 min.

RENDIMENTO: Serve 12 pessoas.

# Zuppa di Ciciri da' Viggilia
(SOPA DE GRÃO-DE-BICO DA VIGÍLIA)

INGREDIENTES:

800 g de grão-de-bico
2 cebolinhas
1 ramo de alecrim
sal e pimenta-do-reino a gosto
azeite de oliva para servir

MODO DE PREPARO:

Deixe o grão-de-bico de molho durante uma noite inteira.
Depois, cozinhe o grão-de-bico em água e sal, com as cebolinhas inteiras e o alecrim. Retire do fogo quando os grãos estiverem macios. Tempere com sal e pimenta.
Sirva com fatias de pão italiano e um fio de azeite.

> CURIOSIDADE: Essa sopa faz parte do ritual da vigília do dia de São José.

TEMPO DE PREPARO: 40 min.

RENDIMENTO: Serve 10 pessoas.

# Zuppa di Fave
(SOPA DE FAVAS)

INGREDIENTES:

200 g de favas com casca
2 cebolas grandes cortadas em rodelas
2 dentes de alho cortados em lascas
4 colheres de azeite de oliva
1 fatia de 100 g de presunto cru ou *pancetta* (em um só pedaço)
200 ml de caldo de carne (ver receita na p. 41)
100 g de espinafre limpo
sal e pimenta-do-reino a gosto
pão italiano cortado em cubos levemente tostados para servir

MODO DE PREPARO:

Deixe de molho as favas em água fria por uma noite. Escorra e retire as cascas.
Em frigideira antiaderente, doure a cebola e o alho no azeite.
Passe no processador o pedaço de presunto cru (ou a *pancetta*) e junte à cebola e ao alho. Cozinhe por 5 minutos em fogo baixo. Acrescente as favas e cozinhe por mais 5 minutos. Coloque sal e pimenta. Depois, adicione o caldo de carne e cozinhe por mais uma hora.
Limpe as folhas de espinafre e coloque-as para cozinhar com o caldo e as favas. Cozinhe por mais 20 minutos, mexendo de vez em quando. Sirva em porções individuais com um fio de azeite de oliva, pimenta e os cubinhos de pão italiano levemente tostados.

TEMPO DE PREPARO: 30 min.

RENDIMENTO: Serve 4 pessoas.

# Zuppa i Baccalà
(SOPA COM BACALHAU)

INGREDIENTES:

2 folhas de salsão
1 cebola vermelha
600 g de bacalhau (já dessalgado e sem pele)
2 alhos-porós
2 colheres de azeite
1 copo de vinho branco seco
5 tomates bem maduros sem pele, sem sementes e cortados em pedaços
1 ramo de salsinha
1 folha de louro
4 ou 5 batatas cortadas em rodelas finas
1 pitada de tomilho
sal e pimenta-do-reino a gosto
8 fatias de pão italiano passadas no azeite e no alho e grelhadas

MODO DE PREPARO:

Em uma panela em fogo baixo, deixe estufar o salsão, a cebola e o alho-poró, com azeite. Regue com vinho branco e deixe evaporar. Acrescente os tomates, sal e pimenta, a salsinha e o louro. Deixe ferver e coloque as batatas. Salpique tomilho e por último coloque o bacalhau sem pele cortado em lascas grandes.
Deixe cozinhar com a panela tampada por mais 15 minutos, mexendo somente a panela para não quebrar o peixe.
Sirva com as fatias de pão italiano.

TEMPO DE PREPARO: 25 min.

RENDIMENTO: Serve 6 pessoas.

# Zuppa i Vonguli
(SOPA DE VÔNGOLES)

INGREDIENTES:

1 kg de vôngoles com as conchas
2 dentes de alho cortados em lascas
1 macinho de salsinha picada
2 colheres de azeite de oliva
3 filés de aliche em azeite
100 g de azeitonas pretas sem caroço
1 cebola pequena cortada em rodelas
400 g de tomates maduros sem pele e sem sementes
sal e pimenta-do-reino a gosto
fatias de pão italiano para servir

MODO DE PREPARO:

Limpe os vôngoles e leve-os ao fogo, em uma frigideira grande, até as conchas abrirem. Filtre a água em que foram cozidos e reserve.
Retire os vôngoles das conchas (reserve alguns) e coloque-os em uma terrina com o alho, a salsinha, metade do azeite, sal e pimenta.
Amasse os filés de aliche no próprio óleo, adicionando o restante do azeite. Depois junte as azeitonas sem caroço, a cebola, os tomates, sal e pimenta. Quando o molho estiver compacto, adicione os vôngoles com a água reservada e aquecida.
Sirva com fatias de pão italiano. Enfeite com salsinha.

TEMPO DE PREPARO: 20 min.

RENDIMENTO: Serve 6 a 8 pessoas.

> SALADAS

## 'Nzalata D' Aranci
(SALADA DE LARANJA)

INGREDIENTES:

8 laranjas
2 dentes de alho cortados em lascas
½ copo de vinho tinto morno
1 ramo de hortelã
sal e pimenta-do-reino a gosto

MODO DE PREPARO:

Descasque as laranjas e corte-as em rodelas finas.
Tempere com sal e alho e regue com vinho. Polvilhe com pimenta-do-
-reino.
Espalhe folhas de hortelã sobre as fatias de laranja.

> CURIOSIDADE: Essa receita é originalmente feita com limão siciliano.

TEMPO DE PREPARO: 15 min.

RENDIMENTO: Serve 6 pessoas.

# 'Nzalata Di Mari

(SALADA DE ARROZ COM FRUTOS DO MAR)

INGREDIENTES:

250 g de arroz
1 colher de sopa de suco de limão
5 colheres de sopa de óleo de girassol
1 colher de sopa de cebola ralada
1 colher de sopa de vinagre branco
1 colher de erva-doce ou salsão cortado em fatias
2 colheres de sopa de salsinha picada
250 g de mariscos
500 g de vôngoles com as conchas
500 g de camarões pequenos
sal e pimenta-do-reino a gosto

MODO DE PREPARO:

Cozinhe o arroz em água fervente e sal. Quando estiver cozido *al dente*, escorra e coloque em uma vasilha com o suco do limão, o óleo, a cebola, o vinagre, sal e pimenta. Junte as fatias de erva-doce e a salsinha. Misture bem e deixe esfriar.
Lave bem e leve ao fogo os mariscos e os vôngoles em uma panela sem água. Tampe e espere as conchas abrirem. Retire os vôngoles das conchas, reservando alguns com casca para enfeitar o prato.
Afervente os camarões, retire as cascas e misture, com os outros frutos do mar, ao arroz já temperado.
Enfeite com os vôngoles reservados na concha.

DICA: Pode-se enfeitar também com ovos cozidos cortados ao meio e azeitonas.

TEMPO DE PREPARO: 40 min.

RENDIMENTO: Serve 10 pessoas.

# 'Nzalata Di Purpu

(SALADA DE POLVO)

INGREDIENTES:

1 kg de polvo
1 pimentão amarelo ou vermelho
5 tomates sem pele e sem sementes
100 g de azeitonas verdes sem caroço
100 g de azeitonas pretas sem caroço
1 coração de salsão branco picado
1 dente de alho cortado em lascas
1 colher de chá de orégano
250 ml de óleo de girassol
suco de 2 limões
4 colheres de sopa de vinagre branco
2 colheres de sopa de azeite de oliva
sal e pimenta-do-reino a gosto
rodelas de 1 limão para enfeitar
alguns ramos de salsinha para enfeitar

MODO DE PREPARO:

Lave o polvo e bata nele com uma colher de pau, ou bata-o em cima da pia, para tirar a areia.

Ferva o polvo em água e sal por 10 minutos e deixe descansar na mesma água até esfriar (aproximadamente 20 minutos).

Pique em quadradinhos os pimentões e os tomates. Corte o polvo em rodelas finas e junte aos outros ingredientes, misturando tudo muito bem. Enfeite com rodelas de limão e ramos de salsinha.

TEMPO DE PREPARO: 30 min.

RENDIMENTO: Serve 4 pessoas.

# ARROZ E MASSAS

> ARROZ

## *Risottu di Cacocciuli e Piseddi*
(RISOTO DE ALCACHOFRAS COM ERVILHAS)

INGREDIENTES:

2 alcachofras grandes
suco de 1 limão
1 macinho de salsinha picada
2 dentes de alho cortados em lascas
2 colheres de azeite de oliva
1 ½ ℓ de caldo de carne ou legumes (ver receitas nas pp. 41 e 43)
100 g de *pancetta*, ou presunto cru, cortada em tiras
60 g de ervilhas frescas
500 g de arroz *arborio*
½ copo de vinho branco seco
sal e pimenta-do-reino a gosto
queijo parmesão ralado para servir

MODO DE PREPARO:

Deixe de molho as alcachofras em uma tigela com água e limão por ½ hora. Limpe as alcachofras, retirando as folhas mais duras e preservando seu miolo.

Junte metade da salsinha ao alho e deixe dourar em uma panela com 1 colher de azeite. Escorra as alcachofras e acrescente à panela. Cozinhe por 2 minutos, esmagando tudo com uma colher de pau. Junte um pouco de caldo de carne (ou legumes) e deixe ferver por 15 minutos, até que as alcachofras estejam macias. Junte mais caldo, caso seja necessário, para o total cozimento. Salpique sal e um pouco de pimenta-do--reino.

Em outra panela, frite em 1 colher de azeite a *pancetta* (ou presunto). Adicione o restante da salsinha e mexa bem. Acrescente as ervilhas frescas, sal e pimenta a gosto. Junte mais caldo de carne e cozinhe até que elas fiquem macias.

Quando as alcachofras estiverem prontas, junte o arroz e mexa por 3 minutos. Acrescente o vinho branco e deixe evaporar. Aqueça mais caldo de carne e acrescente ao arroz, sempre que necessário. Quando o arroz estiver quase pronto, junte a *pancetta* refogada, mexendo sempre para não grudar. Acrescente mais caldo de carne, se for necessário. Sirva em travessa com bastante queijo parmesão ralado por cima.

DICA: Um litro de caldo de carne ou legumes é suficiente para essa receita. Como o caldo é acrescentado pouco a pouco, use a medida inicial de 1 copo de cada vez, e depois coloque mais, se necessário.

TEMPO DE PREPARO: 35 min.

RENDIMENTO: Serve 6 pessoas.

# Risottu Sicilianu
(RISOTO SICILIANO)

INGREDIENTES:

4 alcachofras
suco de 1 limão
6 colheres de sopa de azeite de oliva
1 dente de alho cortado em lascas
½ cebola cortada em rodelas
3 filés de aliche
40 g de manteiga
180 g de arroz
½ copo de vinho branco seco
100 ml de caldo de legumes (ver receita na p. 43)
½ xícara de queijo *pecorino* ralado
sal e pimenta-do-reino a gosto

MODO DE PREPARO:

Limpe as alcachofras, separe os fundos. Corte-os em tiras e ferva-os em água com o suco de limão.
Em uma frigideira antiaderente coloque o azeite e doure o alho e a metade da cebola. Junte os filés de aliche, esmagando-os com um garfo. Adicione as alcachofras cortadas e escorridas, o sal e a pimenta. Cozinhe por 15 minutos em fogo baixo.
Em uma panela, coloque o restante da cebola, 20 g de manteiga, uma pitada de sal e ¼ de copo de água. Deixe cozinhar por 10 minutos. Depois, junte o arroz e deixe tostar por 2 minutos. Acrescente o vinho e mexa bem até evaporar. Junte o caldo de legumes e deixe cozinhar. Quando estiver quase *al dente*, acrescente a manteiga restante, as alcachofras e o queijo *pecorino* ralado.

TEMPO DE PREPARO: 40 min.

RENDIMENTO: Serve 4 pessoas.

# Risu caà Zucca

(ARROZ COM ABÓBORA)

INGREDIENTES:

1 cebola média cortada em rodelas
4 colheres de sopa de azeite de oliva
100 g de manteiga
300 g de abóbora madura cortada em cubinhos
450 g de arroz
1 ℓ (ou mais) de caldo de carne (ver receita na p. 41)
½ xícara de queijo *pecorino* ou parmesão ralado
sal e pimenta-do-reino a gosto

MODO DE PREPARO:

Em uma panela, doure a cebola na metade da manteiga com o azeite. Em seguida, adicione os cubos de abóbora e uma concha de caldo de carne, o sal e a pimenta-do-reino. Tampe a panela.
Quando a abóbora estiver macia, adicione o arroz com o caldo de carne restante. Cozinhe o arroz até ficar *al dente*. Deixe descansar, acrescentando o restante da manteiga e o queijo ralado.

> TOQUE PESSOAL: Eu faço esse prato colocando no arroz que está fritando ½ copo de vinho branco. Deixo evaporar e então coloco a concha de caldo de carne.

TEMPO DE PREPARO: 50 min.

RENDIMENTO: Serve 8 pessoas.

# Risu cchì Milinciani, Pipi i Cucuzzeddi
(ARROZ COM BERINJELA, PIMENTÃO E ABOBRINHA)

INGREDIENTES:

1 pimentão vermelho
2 berinjelas
6 colheres de azeite de oliva
½ xícara de óleo de girassol
4 abobrinhas
1 cebola cortada em rodelas
100 g de manteiga
340 g de arroz
1 copo de vinho branco seco
1 ℓ de caldo de legumes (ver receita na p. 43)
4 colheres de creme de leite fresco
6 colheres de queijo *pecorino* ralado
sal e pimenta-do-reino a gosto

MODO DE PREPARO:

Toste o pimentão no forno, tire a pele e corte-o em tiras. Reserve. Corte as berinjelas em cubos. Deixe-as em água e sal por 40 minutos. Seque e frite no óleo misturado ao azeite quente. Retire. Corte as abobrinhas em bastõezinhos e frite-as no mesmo óleo das berinjelas. Em uma panela, refogue a cebola em 60 g de manteiga. Junte o arroz, o vinho branco e o caldo de legumes. Quando estiver *al dente*, adicione o creme de leite, os pimentões, as berinjelas e as abobrinhas. Quando o caldo secar, acrescente a manteiga restante e parte do queijo ralado. Sirva quente e polvilhado de queijo ralado. Se quiser, reserve um pouco dos legumes para guarnecer na hora de levar o prato à mesa.

TEMPO DE PREPARO: 40 min.

RENDIMENTO: Serve 4 pessoas.

# Risu cchi Pinoli e Minnuli
(ARROZ COM *PINOLI* E AMÊNDOAS)

INGREDIENTES:

3 dentes de alho
6 folhas de manjericão
2 colheres de sopa de amêndoas inteiras
2 colheres de sopa de *pinoli*
350 g de tomates sem pele e sem sementes
½ cebola cortada em rodelas
40 g de manteiga
160 g de arroz
½ copo de vinho branco seco
1 *l* de caldo de legumes (ver receita na p. 43)
½ xícara de queijo *pecorino* ralado
sal a gosto

MODO DE PREPARO:

Triture (no processador) os dentes de alho, o manjericão, as amêndoas e os *pinoli*. Despeje tudo em uma frigideira antiaderente, juntando os tomates cortados finos. Mexa bem até obter um molho homogêneo. Reserve.
Em uma panela, doure a cebola em 20 g de manteiga, ¼ de copo de água e um pouco de sal. Cozinhe por 10 minutos. Junte o arroz e frite por 2 minutos. Adicione o vinho, mexendo bem até evaporar. Acrescente o caldo de legumes e deixe cozinhar. Quando estiver quase *al dente*, junte a manteiga restante, o molho reservado e o queijo *pecorino* ralado. Mexa bem e tampe por alguns minutos antes de servir.

TEMPO DE PREPARO: 40 min.

RENDIMENTO: Serve 4 pessoas.

# Risu ccù Vonguli e Cacocciuli
(ARROZ COM VÔNGOLES E ALCACHOFRAS)

INGREDIENTES:

400 g de vôngoles
½ xícara de azeite de oliva
1 dente de alho cortado em lascas
2 alcachofras (somente os fundos)
½ copo de vinho branco seco
3 tomates sem pele e sem sementes
½ cebola cortada em rodelas
20 g de manteiga
160 g de arroz
100 ml de caldo de legumes (ver receita na p. 43)
1 colher de sopa de salsinha picada
10 folhas de manjericão
sal e pimenta-do-reino a gosto

MODO DE PREPARO:

Abafe os vôngoles em uma frigideira antiaderente grande com água até abrirem-se as conchas. Filtre a água e reserve-a.
Em uma frigideira antiaderente refogue, com o azeite e o alho, as alcachofras cortadas em fatias finas. Acrescente o vinho branco e a água reservada dos vôngoles. Cozinhe por 5 minutos. Junte os vôngoles, os tomates, coloque sal e pimenta e reserve.
Em outra panela, doure a cebola na manteiga e um pouco de água. Junte o arroz e deixe refogar por 2 minutos. Acrescente o caldo de legumes e deixe cozinhar. Quando estiver *al dente*, adicione as alcachofras e os vôngoles reservados, as folhas de manjericão e a salsinha picada.

TEMPO DE PREPARO: 50 min.

RENDIMENTO: Serve 4 pessoas.

# Risu ccù Nuci, Pinoli, Anciovi e Alivi Niuri
(ARROZ COM NOZES, *PINOLI*, ALICHE E AZEITONAS PRETAS)

INGREDIENTES:

10 nozes
6 colheres de azeite de oliva
2 dentes de alho cortados em lascas
2 filés de aliche
300 ml de molho de tomate (ver receita na p. 145)
1 colher de sopa de alcaparras
10 azeitonas pretas sem caroço
1 colher de sopa de *pinoli*
½ cebola cortada em rodelas
40 g de manteiga
240 g de arroz
½ copo de vinho branco seco
1 ℓ de caldo de legumes (ver receita na p. 43)
1 colher de sopa de salsinha picada
sal a gosto

MODO DE PREPARO:

Descasque as nozes e corte-as em pedaços não muito pequenos.
Em uma frigideira antiaderente, frite no azeite o alho e os filés de aliche. Quando a aliche desmanchar, junte as nozes e o molho de tomates. Mexa bem. Tampe e deixe cozinhar por 15 minutos. Depois, junte as alcaparras, as azeitonas e os *pinoli*. Reserve.
Em uma panela, doure a cebola em 20 g de manteiga e ¼ de copo de água. Coloque um pouco de sal e cozinhe por 10 minutos. Junte o arroz e frite por 2 minutos. Acrescente o vinho, mexendo bem até evaporar. Adicione o caldo de legumes e deixe cozinhar. Quando estiver quase pronto, junte a manteiga restante, o molho e a salsinha picada. Mexa bem e sirva em seguida.

TEMPO DE PREPARO: 40 min.

RENDIMENTO: Serve 4 pessoas.

# Risu ccù Ricotta e Sasizza

(ARROZ COM RICOTA E LINGUIÇA)

INGREDIENTES:

100 g de linguiça
120 g de ricota fresca
½ cebola cortada em rodelas
40 g de manteiga
200 g de arroz
½ copo de vinho branco seco
1 $\ell$ de caldo de legumes (ver receita na p. 43)
½ xícara de queijo *pecorino* ralado
sal e pimenta-do-reino a gosto

MODO DE PREPARO:

Tire a pele das linguiças e despedace-as. Coloque em uma frigideira antiaderente com ½ copo de água, cubra e deixe cozinhar. Quando a linguiça expelir toda a gordura, filtre a água, separando os pedacinhos. Passe a ricota em uma peneira, colocando-a em uma tigela grande. Adicione sal e pimenta.

Em uma panela, doure a cebola em 20 g de manteiga e em ¼ de copo de água. Cozinhe por 10 minutos. Junte o arroz e deixe-o tostar por 2 minutos. Acrescente o vinho, mexendo bem até evaporar. Adicione o caldo de legumes e cozinhe. Quando estiver quase pronto, adicione a manteiga restante, a ricota e o queijo *pecorino* ralado. Mexa bem e sirva em seguida.

TOQUE PESSOAL: Eu gosto de colocar vinho Marsala na água quando cozinho a linguiça.

TEMPO DE PREPARO: 40 min.

RENDIMENTO: Serve 6 pessoas.

## > MASSAS

### Bucatini cchì Sardi
(MACARRÃO COM SARDINHAS)

INGREDIENTES:

1 talo de erva-doce fresca
1 cebola cortada em rodelas
250 ml de molho de tomate (ver receita na p. 145)
1 colher de chá de *pinoli*
3 filés de aliche no óleo
400 g de sardinhas limpas (sem espinhas e cabeça)
350 g de macarrão tipo *bucatini*
½ xícara de azeite de oliva
2 envelopes de açafrão
sal a gosto

MODO DE PREPARO:

Cozinhe o talo da erva-doce em água e sal por 20 minutos. Retire a erva-doce, corte em pedacinhos e reserve. Reserve também a água do cozimento.
Em uma frigideira antiaderente, refogue a cebola no azeite. Acrescente o molho de tomates. Mexa bem. Depois de alguns minutos, junte os *pinoli* e os filés de aliche cortados em pedacinhos. Misture bem e acrescente a erva-doce. Cozinhe por 15 minutos.
Abra as sardinhas pela metade e coloque-as no molho, cozinhando, com tampa, por mais 10 minutos.
Cozinhe o macarrão na água em que foi fervida a erva-doce. Adicione os dois envelopes de açafrão e o sal. Escorra a massa quando estiver *al dente*. Em uma travessa, coloque o macarrão e despeje o molho quente por cima.

TEMPO DE PREPARO: 40 min.

RENDIMENTO: Serve 4 pessoas.

# Lasagni pru Capo d' Annu
(LASANHA DE ANO-NOVO)

INGREDIENTES DA MASSA:

750 g de farinha de trigo
60 g de semolina
5 ovos inteiros

INGREDIENTES DO MOLHO:

250 g de carne de porco
250 g de alcatra
250 g de vitela
½ xícara de cebolinha verde
½ xícara de azeite de oliva
4 colheres de sopa de manteiga
100 ml de vinho tinto
750 g de tomates maduros sem pele, sem sementes e cortados em cubos
250 ml de caldo de carne (ver receita na p. 41)
400 g de ricota fresca de cabra
½ xícara de queijo *pecorino* ralado
sal e pimenta-do-reino a gosto

MODO DE PREPARO:

*Massa*: prepare a massa misturando a farinha, os ovos e a semolina. Estique a massa e corte-a em tiras largas. Reserve.
*Molho*: passe no processador a carne de porco com a alcatra, a vitela e a cebolinha. Refogue tudo em uma frigideira antiaderente com azeite por alguns minutos. Acrescente a manteiga e o vinho tinto, sempre mexendo bem. Salpique um pouco de sal e pimenta. Junte os tomates cortados em cubos. Cozinhe tudo por 40 minutos, em fogo baixo, juntando aos poucos o caldo de carne.
À parte, dissolva a ricota com 4 colheres de sopa de água quente, acrescentando sal e pimenta. Mexa bem até formar uma pasta homogênea. Misture o molho de carne com a ricota e metade do queijo ralado.
Em uma panela com água e sal cozinhe, aos poucos, as tiras de massa, escorrendo-as ainda *al dente*. Deixe-as sobre um pano limpo e molhado. Em uma forma refratária coloque uma primeira camada do molho de carne com ricota, em seguida as tiras de massa e mais molho. Continue

fazendo as camadas de massa e molho até terminarem os ingredientes. Esquente em forno preaquecido.
Sirva com o restante do queijo ralado.

> DICA: A ricota pode ser substituída pelo queijo fresco de cabra.
>
> TOQUE PESSOAL: Eu misturo ao azeite um pouco de óleo de girassol, na proporção de 1 colher de azeite para 2 colheres de óleo.
>
> CURIOSIDADE: Esse prato é tipicamente feito nas festas de fim de ano na cidade de Palermo, elaborado com três tipos de carne e ricota de queijo de cabra.

TEMPO DE PREPARO: 1 h.

RENDIMENTO: Serve 10 pessoas.

# Lingui di Passaru a' Siracusana
(MACARRÃO À MODA DE SIRACUSA)

INGREDIENTES:

1 pimentão verde
1 berinjela pequena
100 ml de óleo de girassol e azeite de oliva misturados
1 dente de alho cortado em lascas
200 ml de molho de tomate (ver receita na p. 145)
6 azeitonas pretas sem caroços
1 colher de sobremesa de alcaparras
½ colher de sopa de aliche em azeite esmagada
1 colher de sobremesa de folhas de manjericão
350 g de macarrão tipo *linguini*
sal e pimenta-do-reino a gosto
50 g de queijo parmesão ralado para servir

MODO DE PREPARO:

Queime o pimentão até a pele sair facilmente. Corte em tiras e reserve. Corte a berinjela em quadradinhos e deixe em água e sal por 2 horas. Escorra bem, apertando com as mãos.
Em uma frigideira antiaderente funda, coloque o óleo misturado com o azeite e o alho em fogo baixo para tomar gosto. Retire o alho e coloque a berinjela para fritar, mexendo por aproximadamente 10 minutos, até que os quadradinhos fiquem dourados. Junte o molho de tomates, as tiras de pimentão, as azeitonas, as alcaparras, o aliche e as folhas de manjericão. Acrescente sal e pimenta. Misture bem, tampe a panela e deixe cozinhar em fogo baixo por aproximadamente 10 minutos.
Cozinhe o macarrão em água salgada abundante até ficar *al dente*, escorra e misture ao molho. Sirva com queijo ralado.

CURIOSIDADE: A receita original levava extrato de tomate, que era feito em casa a partir do molho de tomates concentrado e colocado ao sol para secar.

DICA: Para retirar a pele do pimentão com facilidade, coloque-o dentro de um saquinho de plástico depois de tostar. Deixe esfriar para retirar a pele facilmente.

TEMPO DE PREPARO: 30 min.

RENDIMENTO: Serve 4 pessoas.

# Maccaruni a' Ghiotta di Tunnu
(MACARRÃO COM ATUM BRANCO)

INGREDIENTES:

500 g de atum branco em postas
algumas colheres de farinha de trigo
½ xícara de azeite de oliva
½ copo de azeite misturado com óleo de girassol
1 cebola grande cortada em rodelas finas
2 talos de salsão branco picado
1 colher de sopa de alcaparras
1 colher de sopa de azeitonas verdes cortadas em rodelas
500 g de tomates maduros sem pele, sem sementes e cortados em cubos
1 colher de sopa de uvas passas brancas e pretas, amolecidas e escorridas
1 colher de sopa de *pinoli*
400 g de macarrão tipo *bucatini* ou espaguete
sal e pimenta-do-reino a gosto

MODO DE PREPARO:

Passe as postas de atum na farinha de trigo e frite-as em uma frigideira antiaderente com um pouco de azeite. Reserve.

Refogue no azeite misturado com óleo a cebola e o salsão. Junte as alcaparras, as azeitonas e os tomates cortados em cubos. Acrescente sal e pimenta. Junte as uvas passas, os *pinoli* e deixe o molho encorpar. Coloque nesse molho as postas de peixe, uma ao lado da outra, e deixe tomar gosto. Mexa de vez em quando a panela para que o atum não grude.

Cozinhe o macarrão *al dente* e junte ao molho de peixe. Sirva as postas de atum separadas.

> CURIOSIDADE: Essa é a tradicional *Pasta alla Ghiotta Messinese*, que se come *a ferragosto* (no dia 15 de agosto).

TEMPO DE PREPARO: 40 min.

RENDIMENTO: Serve 4 pessoas.

# Malitagghiati ccù Nuci e Pinoli

(MASSA COM MOLHO DE NOZES E *PINOLI*)

INGREDIENTES DA MASSA:

500 g de farinha de trigo
4 ovos inteiros
1 pitada de sal

INGREDIENTES DO MOLHO:

40 g de nozes sem casca
10 g de *pinoli*
50 g de manteiga
1 xícara de folhas de manjericão fresco
1 dente de alho cortado em lascas
½ xícara de creme de leite
sal e pimenta-do-reino a gosto
½ xícara de queijo ralado

MODO DE PREPARO:

*Massa:* coloque a farinha de trigo sobre a mesa e faça um buraco no meio. Coloque os ovos e o sal. Misture tudo e trabalhe bem a massa. Abra com o rolo de macarrão, formando uma folha fina. Recorte a massa em tiras de 1 cm e depois corte em pedaços menores.

*Molho:* leve ao forno as nozes e os *pinoli* até secarem bem. Bata no liquidificador e reserve ½ xícara do que foi processado.

Em uma frigideira antiaderente, derreta a manteiga sem deixar escurecer. Acrescente as nozes e os *pinoli* moídos até adquirir gosto, mexendo sempre. Com o auxílio de uma meia-lua, pique bem as folhas de manjericão e o alho. Depois, junte tudo à mistura de nozes e *pinoli*. Quando secar, adicione o creme de leite e deixe em fogo baixo para ficar cremoso. Se for preciso, acrescente sal e, se quiser, um pouco de pimenta.

Cozinhe a massa em água e sal. Escorra e coloque no molho para tomar gosto. Sirva com o restante das nozes e *pinoli* batidos por cima, com queijo ralado.

> CURIOSIDADE: *Malitagghiati* quer dizer "cortados de qualquer jeito".

TEMPO DE PREPARO: 50 min.

RENDIMENTO: Serve 6 pessoas.

# Pasta a' Picurara
(MACARRÃO COM BATATAS)

INGREDIENTES:

1 cebola média cortada em rodelas finas
½ xícara de azeite de oliva
500 g de batatas descascadas e cortadas em cubinhos
½ xícara de salsinha batidinha
leite (o suficiente para cobrir as batatas)
250 g de macarrão curto (tipo ave-maria)
50 g de queijo *pecorino* ralado
sal e pimenta-do-reino a gosto

MODO DE PREPARO:

Doure a cebola em azeite. Acrescente as batatas, metade da salsinha, sal, pimenta-do-reino e leite (o suficiente para cobrir as batatas). Cozinhe em fogo baixo. Quando as batatas estiverem cremosas, adicione o macarrão e cozinhe até ficar *al dente*. Mexa bem e sirva com mais salsinha salpicada e o queijo ralado.

CURIOSIDADE: Essa receita é atribuída aos pastores (*pecoraros*) que cuidavam dos rebanhos de ovelhas (*pecore*).

TEMPO DE PREPARO: 30 min.

RENDIMENTO: Serve 4 pessoas.

# Pasta all'Aglio
(MACARRÃO AO ALHO)

INGREDIENTES:

1 cabeça de alho inteira e grande
¾ de ℓ de água morna
500 g de macarrão tipo *bucatini* ou *vermicelli*
½ xícara de chá de azeite de oliva
½ xícara de queijo *pecorino* ralado
2 colheres de sopa de folhas frescas de manjericão
sal e pimenta-do-reino a gosto

MODO DE PREPARO:

Tire toda a casca da cabeça de alho. Coloque-a em uma panela com água suficiente para cozinhar o macarrão. Quando a água ferver, acrescente duas colheres de sopa de azeite de oliva e um pouco de sal, deixando em fogo baixo por 30 minutos. Despeje o macarrão cru e deixe cozinhar por mais 13 minutos, ou até a massa ficar *al dente*.

Em outra panela pequena, aqueça o azeite de oliva restante com sal e pimenta. Quando o macarrão estiver pronto, escorra-o com a cabeça de alho. Despeje o azeite quente no macarrão, misture bem e acrescente o queijo *pecorino* ralado e as folhas de manjericão. Misture novamente e sirva com pimenta-do-reino.

TEMPO DE PREPARO: 30 min.

RENDIMENTO: Serve 6 pessoas.

# Pasta cc'a Norma
(ESPAGUETE À NORMA)

INGREDIENTES:

1 berinjela grande
½ xícara de óleo de girassol
2 xícaras de molho de tomate (ver receita na p. 145)
1 ramo de manjericão
200 g de macarrão tipo espaguete
4 colheres de sopa de queijo ralado
sal a gosto

MODO DE PREPARO:

Descasque a berinjela e corte-a em fatias pelo comprimento. Deixe de molho em água e sal por aproximadamente 2 horas. Escorra e esprema na palma das mãos. Frite no óleo até ficarem douradas. Deixe secar em papel absorvente e reserve.
Aqueça o molho de tomate, junte algumas folhas de manjericão.
Cozinhe o macarrão em abundante água e sal até que esteja *al dente*. Escorra e misture ao molho de tomate e junte as berinjelas por cima. Sirva com queijo ralado e enfeite com folhas de manjericão.

CURIOSIDADE: O nome dessa receita, dizem, refere-se à ópera *Norma*, composta por Vincenzo Bellini (1801-1835), nascido em Catânia, e grande admirador do prato. Outros simplesmente acham que *à Norma* significa "ao modo normal".

TEMPO DE PREPARO: 20 min.

RENDIMENTO: Serve 2 pessoas.

# Pasta cc' Anciovi e Muddica
(MACARRÃO COM ALICHE E FARINHA DE ROSCA)

INGREDIENTES:

1 dente de alho cortado em lascas
8 colheres de sopa de azeite de oliva
120 g de aliche no azeite
2 raminhos de salsinha picada
25 g de *pinoli*
25 g de uvas-passas
1 pimenta vermelha
1 erva-doce fresca inteira
600 g de macarrão tipo *linguini*
150 g de pão amanhecido ralado e torrado na frigideira
sal a gosto

MODO DE PREPARO:

Em uma frigideira antiaderente, doure o alho no azeite e depois retire-o. Acrescente os filés de aliche e a salsinha e, com um garfo, amasse bem. Junte os *pinoli*, as uvas-passas (amolecidas em água quente) e a pimenta vermelha. Reserve. Na mesma frigideira, torre a farinha de rosca até ficar seca.
Em outra panela, ferva os cabos da erva-doce e nessa mesma água cozinhe o macarrão. Escorra a massa *al dente*, misture ao molho de aliche e por cima coloque o pão ralado e torrado.

> CURIOSIDADE: Esse macarrão é muito servido na Sexta-feira Santa, por não conter carne.

TEMPO DE PREPARO: 20 min.

RENDIMENTO: Serve 6 pessoas.

# Pasta ccà Carni Capuliata
(MACARRÃO COM CARNE CORTADA FINA)

INGREDIENTES:

½ copo de azeite de oliva
1 cebola grande cortada em rodelas
1 dente de alho cortado em lascas
1 macinho de temperos (salsinha, manjericão, sálvia, louro)
600 g de carne magra (patinho ou lagarto)
½ copo de vinho tinto
400 g de tomates maduros sem pele e sem sementes
200 ml de caldo de carne (ver receita na p. 41)
600 g de macarrão tipo *rigado*
100 g de queijo *pecorino* ralado
100 g de queijo *caciocavallo* fresco cortado em fatias (ou provolone fresco)
sal e pimenta-do-reino a gosto

MODO DE PREPARO:

Em uma panela, coloque o azeite, a cebola, o alho e os temperos com a carne. Cozinhe até tomar gosto. Junte o vinho tinto. Tampe até o vinho evaporar. Depois junte os tomates, o caldo de carne, sal e pimenta. Tampe e cozinhe até a carne ficar macia. Retire a carne e corte-a bem fina com o auxílio de uma meia-lua (ou no triturador).
Cozinhe o macarrão em água e sal. Escorra *al dente*. Acrescente o queijo *pecorino* ralado e depois o molho (reserve um pouco de molho para a hora de servir). Coloque tudo em uma fôrma refratária, adicionando mais molho de carne e fatias de queijo *caciocavallo* ou provolone. Leve ao forno por 15 minutos.
Sirva acrescentando mais molho por cima.

TEMPO DE PREPARO: 40 min.

RENDIMENTO: Serve 8 pessoas.

# Pasta cchì Ciciri

(MACARRÃO COM GRÃO-DE-BICO)

INGREDIENTES:

350 g de grão-de-bico
1 pitada de bicarbonato
4 colheres de sopa de azeite de oliva
50 g de *pancetta* ou *bacon* em tiras finas
25 g de cebolinha
1 raminho de alecrim
6 folhas de sálvia
½ pimenta vermelha
200 g de macarrão tipo pai-nosso
sal a gosto

MODO DE PREPARO:

Deixe o grão-de-bico de molho em bastante água, com uma pitada de bicarbonato, por uma noite.
Em uma panela grande com pouco azeite, frite a *pancetta* (ou o *bacon*) com a cebolinha, as folhas de sálvia, o raminho de alecrim e a pimenta vermelha. Reserve.
Cozinhe o grão-de-bico e depois, na mesma água, cozinhe o macarrão. Quando o macarrão estiver *al dente*, acrescente o tempero reservado, mexendo bem.
Sirva com um fio de azeite por cima.

> CURIOSIDADE: O macarrão com grão-de-bico é um prato típico, servido no dia da festa de São José.

TEMPO DE PREPARO: 40 min.

RENDIMENTO: Serve 6 pessoas.

# Pasta cchi Cucuzzeddi Fritti
(ESPAGUETE COM ABOBRINHAS FRITAS)

INGREDIENTES:

600 g de abobrinhas frescas
½ xícara de azeite de oliva
2 dentes de alho cortados em lascas
650 g de macarrão tipo espaguete
100 g de queijo *pecorino* ralado (ou ricota)
sal e pimenta-do-reino a gosto

MODO DE PREPARO:

Corte as abobrinhas em rodelas não muito finas. Frite em azeite, com o alho. Acrescente sal e pimenta nas abobrinhas, reservando-as quentes (em banho-maria).
Ferva o espaguete na água e sal e escorra *al dente*. Depois de pronto, coloque as abobrinhas sobre o macarrão, juntando o queijo (ou a ricota) ralado.

> TOQUE PESSOAL: Eu faço essa receita grelhando as abobrinhas em uma frigideira antiaderente. Espalho com um pincel um pouco de azeite sobre as abobrinhas antes de grelhar.

TEMPO DE PREPARO: 40 min.

RENDIMENTO: Serve 6 pessoas.

# Pasta ccu Cacocciuli e Ricotta
(MACARRÃO COM MOLHO DE ALCACHOFRAS E RICOTA)

INGREDIENTES:

8 fundos de alcachofra
suco de 1 limão
200 g de *pancetta* ou presunto cru em tiras
50 g de manteiga
½ copo de vinho branco seco
150 g de caldo de carne (ver receita na p. 41)
100 g de ricota fresca
250 g de creme de leite
200 g de queijo parmesão ralado
500 g de macarrão tipo *rigatoni*
sal e pimenta-do-reino a gosto
½ xícara de salsinha para servir

MODO DE PREPARO:

Corte os fundos das alcachofras em tiras finas e deixe de molho em água e limão para não escurecerem.
Numa panela, frite a *pancetta* com a manteiga. Junte as alcachofras escorridas e deixe dourar. Acrescente o vinho, espere evaporar e vá juntando o caldo de carne aos poucos. Acrescente sal e pimenta e deixe cozinhar até ficarem macias. Reserve.
À parte, misture a ricota com o creme de leite e o queijo ralado.
Cozinhe o macarrão em água salgada, escorra *al dente* e misture ao creme de ricota numa frigideira antiaderente. Mexa para tomar gosto e acrescente um pouco do molho de alcachofras. Salpique a salsinha.
Sirva em pratos individuais, acompanhado do restante do molho de alcachofras.

TEMPO DE PREPARO: 40 min.

RENDIMENTO: Serve 6 pessoas.

# Pasta ccu Maccu
(MACARRÃO COM PURÊ DE FAVAS SECAS)

INGREDIENTES:

500 g de favas secas sem casca
1 colher de chá de grãos de erva-doce amassados
250 g de macarrão tipo talharim (melhor se for massa fresca)
1 pimenta vermelha
1 colher de azeite de oliva
sal a gosto

MODO DE PREPARO:

Coloque as favas de molho em água fria por uma noite. Depois, coloque-as em uma panela com água suficiente para cobrir bem. Quando ferver, abaixe o fogo e deixe cozinhar por 1 hora ou mais. Coloque sal e amasse algumas favas que estiverem resistindo ao cozimento. Junte a erva-doce e cozinhe por mais 30 minutos, ou até as favas ficarem bem macias. Acrescente água quente e coloque o macarrão para cozinhar com o purê de favas. Se for usada massa fresca, o cozimento será mais rápido. Antes de servir, acrescente azeite de oliva e a pimenta.

DICA: Se quiser, pode-se comer o *Maccu* sem macarrão, como se fosse uma polenta.

TOQUE PESSOAL: Eu cozinho as favas no dia anterior e só acrescento o macarrão 15 minutos antes de servir.

TEMPO DE PREPARO: 1 h e 30 min.

RENDIMENTO: Serve 6 pessoas.

# Pasta cchi Sardi
(ESPAGUETE À MODA DE PALERMO)

INGREDIENTES:

2 talos de erva-doce com os "cabelos"
100 ml de óleo de girassol
2 colheres de sopa de azeite de oliva
4 cebolinhas frescas bem cortadinhas
1 dente de alho cortado em lascas
2 colheres de sopa de *pinoli* ou nozes cortadas em pedaços pequenos
2 colheres de sopa de uvas passas escuras sem sementes
1 copo de vinho branco seco
1 colher de sopa de açafrão
300 g de sardinhas frescas
2 filés de aliche em azeite
400 g de macarrão tipo espaguete
sal a gosto

MODO DE PREPARO:

Cozinhe as ervas-doces em abundante água salgada, escorra e reserve a água, que servirá para cozinhar o macarrão.
Leve ao fogo uma frigideira antiaderente com a metade de óleo e o azeite de oliva e frite a cebolinha e o alho. Junte os *pinoli* e as uvas passas e deixe tomar gosto.
Acrescente o vinho branco e deixe evaporar. Junte a erva-doce picada e depois o açafrão desmanchado em ½ xícara de água.
Lave e tire as espinhas, a cabeça e a pele das sardinhas com uma faca bem afiada. Frite no restante do óleo quente e acrescente a aliche desmanchada. Junte tudo ao molho de erva-doce e deixe cozinhar mais um pouco, mexendo de vez em quando até as sardinhas desmancharem.
Cozinhe o macarrão *al dente* na água da erva-doce. Escorra e misture com a metade do molho, deixando o restante para colocar por cima do macarrão na hora de servir.

TEMPO DE PREPARO: 30 min.

RENDIMENTO: Serve 4 pessoas.

# Pasta ccu Cacio Picurinu
(RIGATONI COM QUEIJO E MANTEIGA)

INGREDIENTES:

250 g de macarrão tipo *rigatoni*
100 g de manteiga derretida
4 colheres de sopa de queijo *pecorino* ralado
sal e pimenta-do-reino a gosto

MODO DE PREPARO:

Ferva em água e sal o macarrão. Escorra *al dente*. Guarde um pouco da água onde foi cozida a massa.
Em um prato, coloque a massa, e acrescente um pouco da água reservada. Tempere com a manteiga, o queijo ralado e a pimenta-do-reino.

TEMPO DE PREPARO: 20 min.

RENDIMENTO: Serve 4 pessoas.

# Pasta ccu Niuru di Sicci
(PASTA COM TINTA DE LULA)

INGREDIENTES:

500 g de lula com a bolsa de tinta preta
½ xícara de azeite de oliva
1 cebola cortada em rodelas
1 raminho de salsinha picada
300 g de tomates sem pele, sem sementes e cortados em cubos
600 g de macarrão tipo espaguete
100 g de queijo *pecorino* ralado
sal e pimenta-do-reino a gosto

MODO DE PREPARO:

Limpe as lulas e corte-as em rodelas. Reserve a bolsa que contém a tinta preta.
Frite no azeite as rodelas de cebola com a salsinha e os tomates cortados em cubos. Por fim, junte as lulas. Quando o molho começar a engrossar, junte a tinta preta reservada, sal e pimenta. Cozinhe o macarrão em água e sal. Retire quando estiver *al dente*. Misture ao molho e ao queijo ralado.

DICA: O macarrão, quando temperado com o a tinta preta das lulas, ficará com uma cor de ferrugem por causa do óleo e do tomate. Hoje encontramos o *nero di seppia* à venda nos supermercados, pronto para ser acrescentado ao molho de tomate.

TEMPO DE PREPARO: 40 min.

RENDIMENTO: Serve 6 pessoas.

# Pasta D'u Malutempu c'Anciovi

(MACARRÃO COM ALICHE PARA OS DIAS DE TEMPO RUIM)

INGREDIENTES:

½ copo de azeite de oliva
1 dente de alho cortado em lascas
aliche (1 lata) batida no liquidificador (com o próprio azeite)
½ copo de vinho branco seco
300 g de brócolis fervido *al dente*
1 ramo de salsinha batidinha
500 g de macarrão tipo ave-maria
60 g de pão ralado e torrado
12 azeitonas pretas sem caroço picadas
sal e pimenta-do-reino a gosto

MODO DE PREPARO:

Em uma frigideira antiaderente grande, em fogo baixo, coloque o azeite, o alho e a aliche. Misture bem para não queimar. Acrescente o vinho branco, os brócolis, a salsinha e a pimenta-do-reino. Reserve.
Cozinhe o macarrão *al dente* em água com sal. Misture com o molho e sirva com o pão ralado por cima e uma colher de azeitonas.

> CURIOSIDADE: Quando as mulheres de Siracusa percebem que o tempo vai mudar e que os maridos pescadores não sairão para o alto-mar, elas preparam essa macarronada que tem sabor de mar e verduras.

TEMPO DE PREPARO: 20 min.

RENDIMENTO: Serve 6 pessoas.

# Pasta 'Ncasciata

(MASSA TÍPICA MESSINENSE)

INGREDIENTES:

4 berinjelas médias
½ xícara de óleo de girassol
400 g de macarrão tipo *penne*
2 xícaras de molho de tomate com carne (ver receita na p. 143)
1 xícara de queijo parmesão ralado
2 ovos cozidos picados
1 xícara de presunto cozido picado
½ xícara de queijo provolone ralado grosso
1 ramo de manjericão
3 xícaras de molho de tomate (ver receita na p. 145)
sal a gosto

MODO DE PREPARO:

Descasque as berinjelas, corte-as em tiras e depois em cubinhos. Coloque em água e sal por ½ hora para tirar o amargo. Escorra, esprema bem e frite em uma frigideira antiaderente com óleo até que estejam douradas. Cozinhe o macarrão em água salgada, escorra *al dente* e misture com parte do molho de tomate com carne. Junte parte do queijo parmesão ralado e mexa bem.

Em camadas, dentro de uma panela, acrescente as berinjelas fritas e misture até que estejam bem incorporadas ao macarrão. Junte o parmesão restante, os ovos picados, o presunto picado, o queijo provolone, folhas de manjericão e mais um pouco do molho de tomate. Deixe descansar na panela em fogo baixíssimo e tampada. Sirva bem quente com o restante do molho de tomate e algumas folhas de manjericão.

TEMPO DE PREPARO: 40 min.

RENDIMENTO: Serve 6 pessoas.

# Pasta 'Ncasciata di Ragusa
(MACARRÃO EM FÔRMA À MODA DE RAGUSA)

INGREDIENTES:

3 berinjelas cortadas em fatias
½ xícara de óleo de girassol
½ xícara de azeite de oliva
1 cebola cortada em rodelas
1 dente de alho cortado em lascas
100 g de carne moída
100 g de fígado de frango
150 g de ervilhas frescas
800 g de tomates maduros sem pele, sem sementes e cortados em cubos
400 g de macarrão tipo *penne*
100 g de mozarela
50 g de queijo provolone ralado grosso
2 ovos cozidos
50 g de salame fatiado
1 ramo de manjericão
sal e pimenta-do-reino a gosto

MODO DE PREPARO:

Corte as berinjelas em fatias, frite no óleo em uma frigideira antiaderente e reserve.
Frite no azeite a cebola, o alho, a carne moída, o fígado de frango cortado miúdo e as ervilhas. Acrescente sal e pimenta. Mexa bem e depois coloque os tomates cortados em cubos. Deixe tomar gosto por 30 minutos.
Cozinhe o macarrão em água e sal. Retire quando estiver *al dente*. Despeje o macarrão na panela onde foi fritada a carne e os outros ingredientes. Acrescente a mozarela, o queijo provolone, os ovos cozidos (cortados em rodelas), o salame e o manjericão.
Com as berinjelas fritas, forre as bordas e o fundo de uma fôrma de pudim e coloque o macarrão, sempre pressionando e encaixando. Leve ao forno por 15 a 20 minutos.
Para servir, desenforme tudo no prato que for à mesa.

CURIOSIDADE: Durante as festas de carnaval, a tradição é preparar esse prato com linguiça frita e sem pele, chamado em Modica de *Tiuni di Carnevale*.

Essa versão à moda de Ragusa é também conhecida como *Timballo di Pasta* quando vai ao forno.

TEMPO DE PREPARO: 60 min.

RENDIMENTO: Serve 10 pessoas.

# Spaghetti a' Turiddu
(ESPAGUETE EM HOMENAGEM À CAVALARIA RUSTICANA)

INGREDIENTES:

½ xícara de azeite de oliva
2 dentes de alho cortados em lascas
6 filés de aliche em óleo
1 colher de sopa de alcaparras
50 g de azeitonas verdes sem caroço e cortadas em rodelas
600 g de tomates picados sem pele e sem sementes
600 g de macarrão tipo espaguete
2 colheres de sopa de manjericão batidinho
1 colher de salsinha picada
1 pitada de orégano
sal e pimenta-do-reino a gosto

MODO DE PREPARO:

Em uma panela coloque o azeite, o alho e uma pitada de pimenta-do-reino. Em seguida, acrescente os filés de aliche amassados, as alcaparras e as azeitonas. Misture tudo, acrescentando os tomates e um pouco de sal. Cozinhe em fogo brando por 20 minutos.
Em outra panela, cozinhe o macarrão em água e sal. Escorra *al dente*. Quando pronto, despeje a massa no molho quente. Salpique o manjericão, a salsinha e o orégano. Misture bem e sirva em seguida.

TEMPO DE PREPARO: 30 min.

RENDIMENTO: Serve 6 pessoas.

# Spaghetti ccà Sarsa di Pisci
(ESPAGUETE COM FRUTOS DO MAR)

INGREDIENTES:

500 g de lulas limpas e cortadas em rodelas
500 g de camarões limpos
suco de 1 limão
½ xícara de azeite de oliva
1 cebola média cortada em rodelas
4 dentes de alho cortados em lascas
1 macinho de salsinha
1 kg de tomates maduros sem pele e sem sementes
1 kg de mexilhões e mariscos, bem lavados
250 ml de vinho branco
500 g de macarrão tipo espaguete
sal e pimenta-do-reino a gosto

MODO DE PREPARO:

Deixe as lulas e os camarões de molho por ½ hora em água fria com o suco de limão. Acrescente um pouco de sal.

Em uma panela, doure a cebola no azeite. Adicione os tomates cortados em cubos e deixe cozinhar por 30 minutos em fogo baixo. Acrescente as lulas e quando estiverem macias junte os camarões, o alho e metade da salsinha.

Em uma frigideira antiaderente grande, doure o restante do alho. Adicione os mexilhões e mariscos previamente lavados, junte o vinho branco e salpique com sal e pimenta. Tampe e deixe cozinhar. Depois de alguns minutos, destampe e retire os mariscos que não abriram.

Enquanto isso, cozinhe o macarrão em água e sal. Escorra *al dente* e coloque em uma travessa grande. Adicione os mariscos, os mexilhões, as lulas e os camarões. Mexa bem. Salpique com salsinha fresca. Sirva bem quente.

TEMPO DE PREPARO: 40 min.

RENDIMENTO: Serve 6 pessoas.

# Spaghetti cchì Milinciani o Furnu
(ESPAGUETE COM BERINJELA AO FORNO)

INGREDIENTES:

2 berinjelas
8 colheres de sopa de óleo de girassol
2 dentes de alho inteiros
400 g de tomates sem pele, sem sementes e cortados em cubos
½ tablete de caldo de carne
70 g de queijo *pecorino* ralado
2 colheres de manjericão
400 g de macarrão tipo espaguete
sal e pimenta-do-reino a gosto

MODO DE PREPARO:

Corte as berinjelas em fatias e frite em bastante óleo. Escorra em papel absorvente e adicione um pouco de sal.

Em uma frigideira antiaderente, doure os dentes de alho em 4 colheres de sopa de óleo. Esmague bem os dentes de alho e retire-os. No mesmo óleo, acrescente os tomates cortados em cubos e o ½ tablete de caldo de carne esmagado com um pouco de pimenta e 1 colher de manjericão. Cozinhe por 15 minutos em fogo baixo e reserve.

Em uma fôrma refratária, coloque no fundo um pouco do molho de tomate reservado. Em seguida, forme uma camada de berinjelas e cubra com mais molho de tomate. Salpique o queijo ralado e o restante do manjericão. Forme mais camadas, sempre da mesma maneira. Leve ao forno por 15 minutos.

Cozinhe o macarrão. Escorra *al dente*. Retire as berinjelas do forno e corte-as em pedaços. Em uma travessa, despeje o macarrão e acrescente as berinjelas cortadas com o molho. Mexa bem e sirva em seguida.

DICA: Prepare as berinjelas um dia antes. No dia seguinte é só cozinhar o macarrão e temperar com a berinjela.

TEMPO DE PREPARO: 40 min.

RENDIMENTO: Serve 4 pessoas.

# Spaghetti cchì Alici
(ESPAGUETE COM ALICHE)

INGREDIENTES:

3 dentes de alho inteiros
100 ml de óleo de girassol e azeite de oliva misturados
5 a 6 filés de aliche no azeite
8 tomates sem pele e sem sementes
50 g de farinha de rosca
400 g de macarrão tipo espaguete
sal e pimenta-do-reino a gosto

MODO DE PREPARO:

Numa frigideira antiaderente, frite o alho no óleo misturado com o azeite. Retire o alho e coloque os filés de aliche, amassando com uma colher de pau até desmancharem. Junte os tomates picados e deixe apurar em fogo baixo.
Torre a farinha de rosca em uma pequena frigideira antiaderente e reserve.
Cozinhe o macarrão em água e sal até que esteja *al dente*. Escorra e junte ao molho.
Sirva em pratos individuais, salpicando a farinha de rosca.

DICA: Se quiser, misture queijo ralado à farinha de rosca.

TEMPO DE PREPARO: 20 min.

RENDIMENTO: Serve 4 pessoas.

# Spaghetti cchì Pummarori Crudi
(ESPAGUETE COM TOMATES FRESCOS)

INGREDIENTES:

500 g de tomates sem pele e sem sementes
6 dentes de alho cortados em lascas
1 macinho de salsinha picada
½ xícara de folhas de manjericão fresco picadas
½ xícara de queijo *pecorino* ralado
½ xícara de azeite de oliva
500 g de macarrão tipo espaguete
sal e pimenta-do-reino a gosto

MODO DE PREPARO:

Num recipiente, corte os tomates em cubos e misture com o alho, a salsinha e parte do manjericão. Acrescente o queijo *pecorino* ralado, o azeite, pimenta-do-reino e um pouco de sal. Misture tudo e leve à geladeira por 20 minutos, coberto com filme plástico.
Em uma panela, cozinhe o macarrão em água e sal, até ficar *al dente*. Escorra o macarrão e coloque-o em uma travessa. Retire o molho da geladeira e misture ao macarrão já cozido.
Acrescente algumas folhas de manjericão fresco. Sirva em seguida.

TEMPO DE PREPARO: 20 min.

RENDIMENTO: Serve 6 pessoas.

# Tagghiarini a Conca d'Oru
(TALHARIM À *CONCA D'ORO*)

INGREDIENTES:

1 cebola média cortada em rodelas
1 dente de alho cortado em lascas
½ xícara de óleo de girassol e azeite de oliva misturados
1 xícara de salsão cortado em tiras
8 a 10 tomates maduros sem pele e sem sementes
2 colheres de sopa de alcaparras lavadas e escorridas
12 azeitonas verdes cortadas em tiras
400 g de macarrão tipo talharim
½ xícara de queijo *pecorino* ralado
sal e pimenta-do-reino a gosto

MODO DE PREPARO:

Frite a cebola e o alho no óleo misturado com o azeite. Junte o salsão e deixe fritar bem. Acrescente os tomates em pedaços, deixe engrossar o molho e por último coloque as alcaparras e as azeitonas, acrescente o sal e a pimenta. Deixe em fogo baixo por aproximadamente 10 minutos e reserve.
Cozinhe o macarrão em água salgada abundante até que esteja *al dente*. Escorra e misture ao molho. Acrescente queijo ralado a gosto.

> TOQUE PESSOAL: Eu retiro o alho depois de frito, escolho somente as partes mais tenras do salsão, acrescento pimentas vermelhas e não uso queijo ralado.

> CURIOSIDADE: Conca d'Oro (concha de ouro) é um anfiteatro natural, protegido entre os montes Pellegrino e Alfano, no centro do qual fica a cidade de Palermo. Diz-se que seu nome é atribuído à cor dourada das frutas cítricas típicas da região.

TEMPO DE PREPARO: 30 min.

RENDIMENTO: Serve 4 pessoas.

# CARNES, AVES, PEIXES E FRUTOS DO MAR

## > CARNES

## Agneddu a' Cacciatura
(CORDEIRO À CAÇADORA)

INGREDIENTES:

2 kg de cordeiro cortado em pedaços
½ xícara de farinha de trigo
½ xícara de azeite de oliva
1 cebola grande cortada em rodelas
2 dentes de alho picados com um ramo de salsinha
50 g de extrato de tomate desmanchado em água quente (ver receita na p. 146)
30 g de alcaparras
40 g de azeitonas verdes sem caroço
2 corações de salsão picados
½ copo de vinho tinto
sal e pimenta-do-reino a gosto

MODO DE PREPARO:

Passe os pedaços de cordeiro na farinha de trigo. Coloque-os em uma panela com o azeite, a cebola, o alho e a salsinha. Deixe dourar a carne. Acrescente o extrato de tomate. Cozinhe por 15 minutos. Junte as alcaparras, as azeitonas, o salsão, sal e pimenta. Adicione o vinho tinto. Se necessário, acrescente um pouco mais de água quente para que os pedaços de cordeiro fiquem bem cozidos e com bastante molho.

> CURIOSIDADE: Cada caçador tem sua receita. Essa é uma bem antiga de Catânia, conhecida na Sicília antes de 1770.

> TOQUE PESSOAL: Eu substituo o vinho tinto pelo Marsala.

TEMPO DE PREPARO: 60 min.

RENDIMENTO: Serve 6 pessoas.

# Agneddu all' Auruduci

(CORDEIRO AGRIDOCE)

INGREDIENTES:

1 kg de lombo de cordeiro cortado em cubinhos
1 cebola média cortada em rodelas
250 g de farinha de trigo
1 xícara de azeite de oliva
¼ de copo de vinagre branco
2 colheres de sopa de extrato de tomate (ver receita na p. 146)
½ copo de leite frio
50 g de açúcar
sal e pimenta-do-reino a gosto
folhas de manjericão para enfeitar

MODO DE PREPARO:

Tempere os cubinhos de carne com a cebola, passe pela farinha de trigo e leve para dourar em uma panela com azeite. Junte o vinagre e o extrato de tomate diluído no leite. Acerte o sal e a pimenta.
Tampe a panela e leve para cozinhar por aproximadamente 1 hora, ou até que a carne esteja macia. Acrescente o açúcar e enfeite com as folhas de manjericão.

TEMPO DE PREPARO: 1 h.

RENDIMENTO: Serve 6 pessoas.

Frutas cítricas, a marca registrada da Sicília.

Figos, peras e pêssegos, algumas das frutas da ilha.

Das amêndoas nasceu a tradição dos torrones de Caltanisseta.

A cassatta vem com recheio de ricota e cobertura de frutas cristalizadas.

Feitos artesanalmente, os pães votivos ganham toques artísticos.

Bucellato, a rosca doce, não pode faltar na Páscoa nem no Natal.

Pimentas e limões, presença constante na culinária siciliana.

De madeira policromada, a típica carreta siciliana, utilizada anteriormente como meio de transporte, marca presença em casamentos, festas religiosas e outras comemorações populares.

A escultura em pedra é uma expressão artística que remonta aos primórdios da história siciliana. Delicados altos e baixo-relevos enfeitam as fachadas dos principais monumentos de cada cidade, de cada recanto de uma ilha mágica.

No Museu Nacional de São Nicola estão expostas ânforas gregas como esta, entre outros objetos de valor histórico encontrados durante as escavações dos sítios arqueológicos nas proximidades de Agrigento.

Do Museu Arqueológico de Agrigento, este prato traz o símbolo da Sicília. Para celebrar a fertilidade daquelas terras, os romanos adicionariam espigas de milho ao emblema.

No centro histórico de Taormina, vestígios dos povos que nela viveram. Fundada por um grupo de sobreviventes da vizinha Naxos, destruída pelo tirano de Siracusa, possui arquitetura grega, romana, bizantina, árabe e normanda.

Construído na época helenística e reedificado depois pelos romanos, o teatro de Taormina é o segundo maior do período clássico em toda a ilha. De suas ruínas, o visitante tem uma magnífica vista da cidade encravada no monte Tauro.

Uma das construções mais esplêndidas do seu gênero, o Teatro Grego de Siracusa, que data do século III a.C., passou por numerosas transformações sob o poderio romano. Atualmente nele se promovem espetáculos de maio a junho, nos anos pares.

Durante a infiorata, para celebrar a chegada da primavera, as ruas de Noto, cidade barroca próxima a Siracusa, são inteiramente recobertas por desenhos produzidos pelos moradores com flores e folhagens locais.

Artesanato e folclore unem-se na tradicional ópera dos bonecos feitos em madeira e cujos mais belos exemplares podem ser apreciados na coleção do Museu das Marionetes de Palermo.

Conhecida como La Martorana, a Igreja de Santa Maria do Almirante, em Palermo, guarda mosaicos bizantinos de grande interesse simbólico-político, como este de Cristo coroando Rogério II.

Salpicado de embarcações, o porto de Sciacca, aos pés do monte Kronio, completa o cenário alegre e colorido da cidade emoldurada constantemente pelo céu azul.

Carros alegóricos no carnaval de Sciacca, um dos mais famosos da Sicília. Situada no litoral, a cidade é muito procurada também por suas termas, populares desde os tempos dos romanos.

Ponto de interseção entre o profano e o cristão, Messina brinda os turistas, em agosto, com o desfile de Grifone e Mata, dois bonecos gigantes. Após a vitória de Ruggerio sobre os árabes em 1606, a figura masculina ganhou aspecto mouro.

Erguida pelos cavaleiros de Malta no século XVII, a igreja de Santa Maria de Itria é um dos pontos altos de Ragusa. Revestida com azulejos, seu campanário encanta pela originalidade.

Decorada com magníficos azulejos, a escadaria da Igreja de Santa Maria Del Monte, em Caltagirone, data de 1608. Seus 142 degraus brilham em 24 e 25 de julho, iluminados por milhares de lanternas de papel durante a festa da padroeira.

Situada na Catânia, a cidade de Caltagirone deriva seu nome do árabe qal'at al-ganum, que significa "castelo dos gênios", dos espíritos. No detalhe, balaustrada que circunda a Vila Comunal, o parque municipal projetado em 1850.

A pesca movimenta o porto de Favignana, a maior ilha do arquipélago siciliano, a uma hora de barco de Trapani. Usados para industrializar o atum, seus galpões do século XIX hoje estão convertidos em centros de referência da cultura local.

O Etna em erupção. Um amedrontador e ao mesmo tempo fascinante rio de lava escorre para o vale. Este indescritível fenômeno da natureza, que atrai cientistas e curiosos, tem alimentado lendas e superstições ao longo dos séculos.

Erguida a partir de 1184 a mando do arcebispo de Guilherme II, a majestosa catedral de palermo tem uma longa história. Originalmente igreja bizantina, que os árabes transformaram em mesquita, mescla o estilo gótico-catalão com o neoclássico.

Brasão da Sicília, com a cabeça da Medusa.

Traje típico feminino.

# Agneddu ccà Sarsa i Menta
(CORDEIRO COM MOLHO DE HORTELÃ)

INGREDIENTES:

2 kg de cordeiro cortado em pedaços
6 colheres de farinha de trigo
50 ml de óleo de girassol
100 ml de azeite de oliva
2 cebolas cortadas em rodelas
2 dentes de alho cortados em lascas
3 filés de aliche no azeite amassados
1 copo de vinho tinto
6 tomates sem pele, sem sementes e cortados em cubos
6 batatas cortadas em rodelas grossas
1 xícara de molho de hortelã (ver receita na p. 144)

MODO DE PREPARO:

Passe os pedaços de cordeiro na farinha de trigo.
Em uma panela que possa ir ao forno, coloque o óleo, o azeite, a cebola, o alho e a aliche e aqueça em fogo baixo. Deixe tomar gosto e acrescente os pedaços de cordeiro. Deixe dourar de todos os lados. Junte o vinho e deixe evaporar. Acrescente os tomates cortados em cubos e depois as batatas. Mexa de vez em quando, até a carne ficar macia.
Leve ao forno preaquecido por 15 minutos. Se for necessário, adicione um pouco de água quente durante o cozimento. Antes de tirar do forno, coloque a metade do molho de hortelã. O restante será usado para regar o prato ao servir.

TEMPO DE PREPARO: 40 min.

RENDIMENTO: Serve 6 pessoas.

# Agneddu o Furnu
(CORDEIRO AO FORNO)

INGREDIENTES:

2 cebolas cortadas em rodelas
½ xícara de azeite de oliva
2 kg de cordeiro em pedaços
1 copo de vinho branco seco
6 batatas cortadas em fatias
400 g de tomates maduros sem pele e sem sementes
1 ramo de alecrim
1 macinho de salsinha picada
sal e pimenta-do-reino a gosto

MODO DE PREPARO:

Frite as cebolas no azeite. Junte os pedaços de cordeiro e mexa bem para ficarem dourados de todos os lados. Coloque o vinho branco, deixe evaporar e acrescente as batatas, depois os tomates cortados em pedaços pequenos, as folhas de alecrim, sal e pimenta. Cubra a panela e leve ao forno brando por 30 minutos, ou até o cordeiro ficar macio. Sirva com salsinha por cima.

CURIOSIDADE: Esse prato era preparado em uma panela com carvão por baixo e por cima da tampa.

TEMPO DE PREPARO: 40 min.

RENDIMENTO: Serve 6 pessoas.

# Braciulittini a' Paisana

(ENROLADINHO DE CARNE À CAMPONESA)

INGREDIENTES:

8 bifes finos de alcatra
½ cebola ralada
250 g de farinha de rosca
4 fatias de queijo fresco cortado em tiras
4 fatias grossas de presunto cortadas em tiras
1 colher de sopa de *pinoli*
1 colher de sopa de uvas-passas
sal a gosto
folhas de louro

MODO DE PREPARO:

Bata bem os bifes e corte cada um em 4 partes.
Misture em um recipiente a cebola, a farinha de rosca, o queijo, o presunto, os *pinoli*, sal e as uvas-passas já amolecidas em água morna e escorridas. Reparta essa mistura em montinhos sobre cada pedaço de bife. Enrole dos lados e feche com um palito, ou coloque de dois em dois em palitos de churrasco, intercalando com folhas de louro. Asse os espetinhos na grelha ou em uma frigideira antiaderente, com pouco azeite.

> DICA: Se preferir, passe os espetinhos em ovo batido e na farinha de rosca e frite.

TEMPO DE PREPARO: 30 min.

RENDIMENTO: Serve 6 pessoas.

# Caprettu Aggrassatu
(CABRITO ENSOPADO)

INGREDIENTES:

1 cebola grande cortada em rodelas
½ xícara de azeite de oliva
80 g de banha
6 dentes de alho cortados em lascas
2 raminhos de salsinha picada
2 kg de cabrito cortado em pedaços
1 copo de vinho tinto (ou 1 copo de caldo de carne, ver receita na p. 41)
1 kg de batatas cortadas em cubos
100 g de queijo *pecorino* cortado em cubos
70 g de queijo *pecorino* ralado
sal e pimenta-do-reino a gosto

MODO DE PREPARO:

Frite a cebola no azeite. Quando começar a dourar, acrescente a banha, o alho, a salsinha e os pedaços de cabrito. Deixe dourar de todos os lados, mexendo sempre. Acrescente sal e pimenta. Junte o vinho e deixe evaporar. Adicione as batatas. Tampe e deixe cozinhar em fogo brando até o cordeiro ficar macio. Se for preciso, acrescente água quente aos poucos. Antes de servir, junte o queijo cortado em cubos e o queijo ralado para tornar o molho mais encorpado.

> DICA: Retirando-se os pedaços de cabrito, pode-se usar o molho para condimentar uma massa e servir o cabrito como segundo prato. Essa receita pode ser feita também com cordeiro.

TEMPO DE PREPARO: 40 min.

RENDIMENTO: Serve 6 pessoas.

# Caprettu Chinu
(CABRITO RECHEADO)

INGREDIENTES:

1 cabrito inteiro desossado de 1,5 kg
4 colheres de sopa de banha ou manteiga
o coração e o fígado do cabrito picados
½ xícara de azeite de oliva
1 cebola cortada em rodelas
1 ramo de salsinha
2 raminhos de alecrim
1 copo de vinho branco seco
500 g de macarrão tipo ave-maria
150 g de queijo *pecorino* ralado
150 g de queijo provolone ralado
300 g de presunto cru (ou salame)
2 ovos cozidos
4 colheres de azeite
sal e pimenta-do-reino a gosto

MODO DE PREPARO:

Lave e seque o cabrito e besunte por dentro com banha ou manteiga.
Frite o coração e o fígado do cabrito picados na metade do azeite, colocando a cebola, a salsinha picada e 1 ramo de alecrim. Adicione o vinho e deixe evaporar. Reserve.
Cozinhe o macarrão em água e sal. Escorra *al dente*. Misture com os miúdos do cabrito, com os dois tipos de queijos ralados, o presunto cru (ou o salame) e por último os ovos cozidos e descascados.
Recheie o cabrito já temperado com esse macarrão. Costure com fio branco e passe mais azeite por todas as partes externas do cabrito. Adicione sal e pimenta.
Leve ao forno em uma assadeira com o restante do azeite e 1 ramo de alecrim por 45 minutos. Vire o cabrito do outro lado e deixe assar por mais 45 minutos.

TEMPO DE PREPARO: 1 h e 30 min.

RENDIMENTO: Serve 6 pessoas.

# Cartocciu di Sasizza
(LINGUIÇA NO CARTUCHO)

INGREDIENTES:

1 cebola cortada em rodelas
fatias de laranjas cortadas finas e sem casca
1 kg de linguiça de lombo
folhas de papel-alumínio (uma para cada porção)

MODO DE PREPARO:

Sobre cada folha de papel-alumínio, coloque uma camada de cebola, uma camada de laranja e, por cima, dois ou três pedaços de linguiça, em círculo. Dobre o alumínio por cima e dos lados e coloque um ao lado do outro em uma assadeira. Cozinhe no forno por 20 minutos, conforme a quantidade de linguiças em cada cartucho.

> CURIOSIDADE: Originalmente usa-se nessa receita a linguiça messinense, que é feita de carne de porco com sal, erva-doce em grãos amassada e queijo provolone ralado grosso.

TEMPO DE PREPARO: 30 min.

RENDIMENTO: Serve 6 pessoas.

# Cunigghiu ccu Alivi
(COELHO COM AZEITONAS)

INGREDIENTES:

1 colher de sopa de azeite de oliva
4 fatias grossas de *pancetta* ou presunto cru
2 cebolas médias cortadas em rodelas
2 talos de salsão em tiras finas
1 coelho de 1,8 kg cortado em pedaços
1 colher de sopa de farinha de trigo
250 ml de caldo de carne (ver receita na p. 41) ou água quente
1 macinho de alecrim
1 folha de louro
250 g de azeitonas verdes sem caroço
1 colher de sopa de alcaparras (opcional)
sal e pimenta-do-reino a gosto

MODO DE PREPARO:

Deixe o azeite esquentar em uma panela e frite a *pancetta* (ou o presunto cru). Junte as cebolas, o salsão e mexa sem parar.
Coloque o coelho cortado em pedaços e deixe dourar de todos os lados. Polvilhe a farinha por cima e mexa.
Acrescente o caldo de carne, o alecrim, o louro, sal e pimenta. Deixe ferver, tampe a panela e deixe cozinhar por aproximadamente 60 minutos, ou até a carne do coelho ficar macia.
Junte, então, as azeitonas e as alcaparras, misture e deixe cozinhar mais um pouco.

TEMPO DE PREPARO: 60 min.

RENDIMENTO: Serve 6 pessoas.

# Cunigghiu Niuru
(COELHO COM VINHO E CHOCOLATE)

INGREDIENTES:

1 coelho de 1,5 kg cortado em pedaços
½ ℓ de vinho branco seco
½ copo de azeite de oliva
1 cebola média cortada em rodelas
25 g de chocolate semiamargo ralado
1 pitada de erva-doce em pó
2 cravos
1 colher de sopa de açúcar
1 copo de vinagre
sal e pimenta-do-reino

MODO DE PREPARO:

Deixe amaciar o coelho no vinho branco por algumas horas. Retire, enxugue com papel absorvente e reserve.

Em uma panela, coloque o azeite de oliva e doure a cebola. Coloque os pedaços do coelho e frite todos os lados. Acrescente o chocolate ralado, a erva-doce, os cravos, sal, pimenta e, por fim, coloque o copo de vinagre e o açúcar. Deixe cozinhar em fogo brando até ficar macio.

Se quiser, na hora de retirar o coelho, acrescente no molho que sobrou meia colher de sopa de amido de milho para fazer o Molho Roti (ver receita na p. 147).

TEMPO DE PREPARO: 40 min.

RENDIMENTO: Serve 4 pessoas.

# Farsu Magru a' Missinisa

(ENROLADO DE CARNE DE MESSINA)

INGREDIENTES:

2 bifes de alcatra grandes
2 colheres de sopa de manteiga
100 g de carne moída
1 pão francês (só o miolo)
100 ml de leite morno
2 dentes de alho cortados em lascas
2 fatias de presunto cozido
2 ovos batidos
150 g de queijo *pecorino* ralado
100 g de provolone ralado
2 colheres de sopa de salsinha picada
2 ovos cozidos
8 colheres de sopa de óleo de milho
1 cebola média cortada em rodelas
1 copo de vinho branco
100 ml de água
2 colheres de extrato de tomate (ver receita na p. 146)
sal e pimenta-do-reino a gosto

MODO DE PREPARO:

Bata bem os bifes para formar dois retângulos. Coloque em cima do mármore e passe manteiga e sal.

Misture a carne moída com o miolo de pão amolecido com leite morno, o alho, o presunto, os ovos batidos, os dois queijos ralados, a salsinha, sal e pimenta.

Coloque sobre cada bife a metade dessa mistura e um ovo cozido cortado ao meio. Enrole a carne bem apertada (como um salame) e amarre com linha grossa.

Coloque o óleo numa frigideira antiaderente funda com a cebola em rodelas e, quando estiver dourada, junte a carne para fritar dos dois lados. Acrescente o vinho branco e deixe evaporar. Junte a água com o extrato de tomate e deixe cozinhar tampado em fogo lento até a carne ficar macia e o molho bem apurado. Deixe esfriar, retire a linha e corte em fatias. Sirva com molho por cima.

DICA: No lugar do presunto cozido, podem-se usar fatias de mortadela.

CURIOSIDADE: *Farsu magru* (falso magro) é uma alusão ao recheio escondido dentro da aparência de um simples bife.

TEMPO DE PREPARO: 60 min.

RENDIMENTO: Serve 6 pessoas.

# Ficatu Frittu ccu Marsala

(FÍGADO FRITO AO MARSALA)

INGREDIENTES:

1 kg de fígado de boi
½ xícara de farinha de trigo
4 colheres de banha (ou azeite)
1 cebola cortada em rodelas
1 ramo de sálvia
1 ramo de salsinha
4 folhas de louro
½ copo de vinho Marsala
sal e pimenta-do-reino a gosto

MODO DE PREPARO:

Corte o fígado em fatias grossas e depois em pedaços. Passe-os de leve na farinha de trigo e frite na banha ou azeite com a cebola. Ao virar os pedaços do outro lado, acrescente a sálvia, a salsinha, o louro, o vinho, sal e pimenta. Deixe evaporar. Apague o fogo e sirva em seguida.

> CURIOSIDADE: A receita original é preparada com fígado de porco.

TEMPO DE PREPARO: 15 min.

RENDIMENTO: Serve 6 pessoas.

# Purpetti all'Auruduci

(ALMÔNDEGAS AGRIDOCES)

INGREDIENTES:

500 g de carne de vitela moída
2 ovos
½ xícara de miolo de pão amolecido no leite
1 ramo de salsinha
2 dentes de alho cortados em lascas
½ xícara de queijo *pecorino* ralado
3 colheres de farinha de rosca
1 xícara de azeite misturado com óleo de girassol
2 colheres de sopa de açúcar
½ xícara de vinagre branco
algumas amêndoas torradas e cortadas em pedaços para servir (opcional)
sal e pimenta-do-reino a gosto

MODO DE PREPARO:

Misture a carne com os ovos e o miolo de pão bem ensopado de leite. Adicione a salsinha, o alho e o queijo ralado, uma pitada de sal e pimenta. Forme as almôndegas e passe-as de leve na farinha de rosca.
Em uma frigideira antiaderente, coloque o azeite com óleo e frite as almôndegas. Retire e na mesma frigideira coloque o açúcar e o vinagre e deixe evaporar. Apague o fogo, acrescente as amêndoas e sirva esse molho por cima das almôndegas.

TEMPO DE PREPARO: 30 min.

RENDIMENTO: Serve 6 pessoas.

# Purpetti ccù Marsala
(ALMÔNDEGAS AO MARSALA)

INGREDIENTES:

100 g de pão amanhecido
1 copo de leite quente
50 g de amêndoas
3 dentes de alho cortados em lascas
1 cebola média cortada em rodelas
1 macinho de salsinha
500 g de carne de porco moída
2 ovos
gema de 1 ovo
4 colheres de sopa de vinho Marsala
100 g de queijo *fontina* ou *caciocavallo* cortado em pedaços (ou ralado grosso)
1 xícara de óleo de girassol misturado com 5 colheres de azeite de oliva
suco de limão para a hora de servir
sal e pimenta-do-reino a gosto

MODO DE PREPARO:

Em uma tigela pequena, deixe de molho o pão no leite quente por meia hora.
Moa no processador as amêndoas, o alho, a cebola e a salsinha e a carne de porco. Reserve.
Tire o pão do leite, aperte com as mãos e misture à carne processada. Acrescente os ovos inteiros e a gema, o vinho Marsala, o queijo em pedaços, sal e pimenta. Modele pequenas almôndegas e frite-as no azeite misturado ao óleo. Ao servir, esprema um pouco de limão.

TEMPO DE PREPARO: 30 min.

RENDIMENTO: Serve 6 pessoas.

# Sasizza 'Nfurnata
(LINGUIÇA AO FORNO)

INGREDIENTES:

500 g de linguiça de porco
1 colher de sopa de manteiga
1 copo de vinho branco ou tinto

MODO DE PREPARO:

Em uma assadeira untada com manteiga, coloque em espiral a linguiça. Fure a pele e coloque ½ copo de vinho. Coloque no forno e, antes de ficar pronta, borrife o restante do vinho, girando a lateral para dourar os dois lados.

> DICA: Se acrescentar molho de tomate e retirar a pele da linguiça, você terá um ótimo molho para condimentar o macarrão. Vale a pena acrescentar também ricota defumada ralada.

TEMPO DE PREPARO: 30 min.

RENDIMENTO: Serve 6 pessoas.

# Rugnuni Ammarsalatu
(RINS AO VINHO MARSALA)

INGREDIENTES:

1 rim de vitela
suco de 1 limão
1 cebola cortada em rodelas
6 colheres de sopa de azeite de oliva
2 colheres de manteiga
1 ramo de salsinha picada
1 copo de vinho Marsala
sal e pimenta-do-reino a gosto

MODO DE PREPARO:

Lave o rim e deixe de molho no suco de limão por 10 minutos. Retire e corte em pedaços pequenos.
Doure a cebola no azeite e na manteiga. Depois, acrescente os pedaços de rim e a salsinha. Mexa várias vezes. Junte o vinho, coloque sal e pimenta. Deixe cozinhar em fogo brando até o vinho evaporar. Sirva com polenta ou purê de batatas.

TEMPO DE PREPARO: 20 min.

RENDIMENTO: Serve 4 pessoas.

# Trippa cchì Milinciani
(DOBRADINHA COM BERINJELA)

INGREDIENTES:

2 berinjelas médias cortadas em cubos
½ xícara de azeite de oliva misturado com óleo de girassol
500 g de dobradinha limpa e cortada em tiras finas
1 cebola média cortada em rodelas
½ copo de vinho branco seco
250 g de molho de tomate (ver receita na p. 145)
1 pitada de canela em pó
2 colheres de sopa de amêndoas sem pele, levemente torradas
1 colher de sopa de açúcar
sal e pimenta-do-reino a gosto

MODO DE PREPARO:

Em uma frigideira antiaderente, frite as berinjelas em 2 colheres de óleo misturado com azeite. Reserve.
Fervente a dobradinha em água e sal e escorra. Em uma panela com o restante do óleo, frite a cebola e depois a dobradinha. Coloque o vinho branco e deixe evaporar.
Acrescente o molho de tomates, a canela, as amêndoas, as berinjelas, sal e pimenta, e por último o açúcar. Mexa de vez em quando. Divida tudo em cumbucas individuais e leve ao forno para o molho engrossar.

TOQUE PESSOAL: Na receita original, as berinjelas são fritas em bastante óleo ou azeite, mas eu prefiro fritá-las em frigideira antiaderente com pouco óleo misturado com azeite.

TEMPO DE PREPARO: 40 min.

RENDIMENTO: Serve 6 pessoas.

# Trippa du Cunventu
(DOBRADINHA COM ESPECIARIAS AO FORNO)

INGREDIENTES:

2 berinjelas
1 cebola cortada em rodelas
2 dentes de alho cortados em lascas
50 g de banha
800 g de vários tipos de bucho fervidos e cortados em quadradinhos
½ xícara de azeite de oliva
1 ramo de salsinha picada
3 tomates bem maduros em cubos
1 pitada de canela
2 cravos amassados
200 g de carne feita à ragu e moída na máquina (ver receita *Ragu i Carni* na p. 141)
50 g de queijo tipo provolone ralado
100 g de queijo fresco fatiado
2 ovos cozidos
1 ovo cru
sal e pimenta-do-reino a gosto

MODO DE PREPARO:

Corte a berinjela em fatias e frite. Reserve.
Frite a cebola, o alho e os tomates em óleo. Acrescente as variedades de bucho, o azeite, sal, pimenta, a salsinha, a canela e os cravos. Retire do fogo quando os ingredientes estiverem bem misturados.
Coloque tudo em uma tigela e depois despeje de volta na mesma panela, em camadas. Comece pelas berinjelas, depois o bucho e por cima a carne de ragu moída. Acrescente o queijo ralado e as fatias de queijo fresco. Continue a fazer as camadas com as berinjelas, até terminarem os ingredientes. Por último coloque os ovos cozidos em fatias. Bata o ovo cru e despeje por cima. Leve ao forno até ficar dourado.
Atualmente pode-se substituir a banha por óleo ou azeite.

TEMPO DE PREPARO: 40 min.

RENDIMENTO: Serve 8 pessoas.

## >AVES

## Jadduzzu ccu Milinciani
(FRANGO COM BERINJELA)

INGREDIENTES:

1 xícara de azeite de oliva misturado com óleo de girassol
1 frango inteiro de 1,5 kg cortado em pedaços
500 g de berinjelas sem pele e cortadas em cubos
3 dentes de alho cortados em lascas
2 aipos picados
1 fatia de 100 g de *pancetta* ou presunto cru
4 colheres de sopa de vinagre de vinho ou de vinho Marsala
750 g de tomates maduros sem sementes e sem pele
1 xícara de molho de tomate (ver receita na p. 145)
1 colher de azeite de oliva
3 folhas de sálvia
1 macinho de salsinha
sal e pimenta-do-reino a gosto

MODO DE PREPARO:

Em uma vasilha, acrescente metade do azeite com óleo, sal e pimenta-do-reino. Coloque os pedaços de frango e deixe-os marinar por ½ hora, virando de vez em quando. Ponha as berinjelas em outra vasilha, cobrindo-as com água fria e duas colheres de sal. Reserve.
Em uma panela, aqueça o restante do azeite com óleo e despeje o alho, o aipo, a sálvia e a *pancetta* (ou o presunto cru), cozinhando por 2 minutos. Junte os pedaços de frango e deixe dourar. Adicione sal e pimenta. Acrescente o vinho e deixe evaporar.
Depois, corte os tomates em cubos e junte-os com o molho de tomates, mexendo bem e adicionando água se necessário.
Enquanto isso, escorra os cubos de berinjelas e seque-os com um papel absorvente. Frite em azeite bem quente até que fiquem dourados. Escorra tudo em papel absorvente. Quando o frango estiver pronto, acrescente os cubos fritos de berinjelas e a salsinha. Mexa bem e sirva quente.

> TOQUE PESSOAL: Eu faço essa receita fritando as berinjelas em uma frigideira antiaderente, com pouco azeite.

TEMPO DE PREPARO: 60 min.

RENDIMENTO: Serve 6 pessoas.

## > PEIXES E FRUTOS DO MAR

### *Anciovi a' Calavà*
(CROSTATA DE SARDINHAS À MODA DO CABO CALAVÁ)

INGREDIENTES:

500 g de sardinhas frescas
100 g de queijo *pecorino* ralado
2 dentes de alho cortados em lascas
1 macinho de salsinha picada
suco de 2 limões
½ xícara de azeite de oliva
3 ovos inteiros
150 g de farinha de rosca
sal e pimenta-do-reino a gosto
farinha de rosca para forrar a fôrma

MODO DE PREPARO:

Retire a cabeça e a espinha central das sardinhas, abra-as e reserve.
Em um primeiro prato, misture o queijo *pecorino* ralado, o alho, a salsinha e a pimenta.
Num segundo prato, misture bem o suco de limão com o azeite de oliva.
À parte, bata os ovos e acrescente um pouco de sal.
Em uma travessa untada com óleo e salpicada com farinha de rosca, distribua uma camada de sardinhas abertas. Despeje por cima um pouco da mistura preparada no primeiro prato e depois regue com metade do suco de limão e o azeite de oliva (segundo prato).
Por cima, distribua outra camada de sardinhas abertas, despejando o restante da mistura do primeiro prato e do azeite com limão. Por fim, despeje os ovos batidos. Leve ao forno e retire assim que a *crostata* estiver bem dourada.

TEMPO DE PREPARO: 30 min.

RENDIMENTO: Serve 4 pessoas.

# Baccalaru a Schibbeci
(BACALHAU À ESCABECHE)

INGREDIENTES:

600 g de bacalhau já dessalgado
1 ovo
½ xícara de pão ralado
½ xícara de óleo de girassol
½ limão fatiado em rodelas finas sem casca
½ copo de vinagre
½ cebola cortada em rodelas
1 ramo de alecrim
algumas folhas de sálvia
sal e pimenta-do-reino a gosto

MODO DE PREPARO:

Corte o bacalhau em pedaços e separe em duas porções. Passe no ovo batido e no pão ralado. Frite em óleo bem quente. Quando dourar, retire e deixe sobre papel absorvente.
Em uma terrina, coloque uma porção do bacalhau, as rodelas de limão e em seguida a outra porção de bacalhau.
À parte, deixe ferver o vinagre com as fatias de cebola, o alecrim e a sálvia. Coloque sal e pimenta e jogue sobre o bacalhau ainda quente.
Deixe descansar em lugar fresco por um dia.

TEMPO DE PREPARO: 40 min.

RENDIMENTO: Serve 4 pessoas.

# Braciulittini di Piscispata

(ATUM BRANCO FRESCO ENROLADINHO E RECHEADO)

INGREDIENTES:

18 postas ou 400 g de atum branco fresco cortado fino (ou peixe-espada)
120 g de pão amanhecido ralado
30 g de queijo *pecorino* ralado
1 posta de atum fervida e amassada
1 colher de chá de alcaparras
10 azeitonas verdes inteiras
1 macinho de salsinha picada
1 colher de sopa de molho de tomate (ver receita na p. 145)
4 colheres de sopa de azeite de oliva
18 folhas de louro
1 cebola cortada em pedaços
sal e pimenta vermelha a gosto

MODO DE PREPARO:

Bata as postas de peixe até alargá-las o máximo possível, tomando cuidado para não quebrá-las.
Em uma travessa, junte o pão ralado e o queijo, a polpa da posta fervida, as alcaparras, as azeitonas, a salsinha picada e o molho de tomates. Acrescente sal e pimenta vermelha e tempere com 2 colheres de azeite de oliva. Misture bem por alguns minutos até obter uma pasta macia e homogênea.
Coloque um pouco dessa massa sobre as fatias de peixe e enrole uma a uma. Em um espeto grande de madeira, enfie os enroladinhos de peixe, alternando-os com uma folha de louro e pedacinhos de cebola crua. Asse em brasa, regando com um pouco de azeite.

> DICA: Para não quebrar as postas de peixe ao batê-las, coloque-as dentro de um saquinho de plástico e bata por cima.

> CURIOSIDADE: Entre todas as receitas de *involtini* (enroladinhos) de peixe-espada, essa parece ser a mais simples e tradicional, pois realça bem o sabor do peixe. É comum também usar um bom refogado de cebola, retalhos de peixe-espada e queijo provolone picante cortado em cubos no preparo do recheio dos enroladinhos de peixe-espada.

TEMPO DE PREPARO: 6 min.

RENDIMENTO: Serve 8 pessoas.

# Braciulittini i Tunnu Friscu a' Ghiotta
(ENROLADINHO DE ATUM À SICILIANA)

INGREDIENTES DO RECHEIO:

6 colheres de sopa de pão amanhecido ralado
3 colheres de sopa de queijo parmesão ralado
1 colher de sopa de salsinha picada
1 colher de sopa de cebolinha picada
1 dente de alho cortado em lacas
12 alcaparras lavadas e escorridas
4 colheres de sopa de óleo de girassol
6 postas finas de atum branco fresco divididas pela metade
sal e pimenta-do-reino a gosto

INGREDIENTES DO MOLHO:

4 colheres de sopa de óleo de girassol
1 cebola cortada em rodelas finas
1 dente de alho inteiro
1 talo de salsão branco picado
1 colher de sopa de alcaparras lavadas e escorridas
1 colher de sopa de azeitonas verdes em rodelas
8 tomates maduros sem pele e sem sementes picados
1 colher de sopa de uvas-passas brancas amolecidas e escorridas
sal e pimenta-do-reino a gosto

MODO DE PREPARO:

*Recheio:* Misture os ingredientes do recheio e coloque um pouco no centro de cada posta de atum. Se necessário, bata de leve com o batedor de carne. Enrole o peixe e prenda com um palito ou linha branca. Frite em óleo e reserve.

*Molho:* Refogue no óleo quente a cebola, o alho e o salsão e deixe tomar gosto. Junte as alcaparras, as azeitonas e os tomates. Acerte o sal e a pimenta, acrescente as uvas-passas e deixe o molho apurar.

Coloque os enroladinhos de peixe dentro do molho, um ao lado do outro, por pouco tempo, até tomarem gosto.

Antes de servir, retire os palitos ou a linha e sirva acompanhado de purê de batatas ou macarrão espaguete.

DICA: Esse molho serve para a receita *Pasta á Ghiotta.*

TEMPO DE PREPARO: 40 min.

RENDIMENTO: Serve 8 pessoas.

# Calamari Chini
(LULAS RECHEADAS)

INGREDIENTES:

6 lulas grandes e limpas
1 limão grande cortado em rodelas

INGREDIENTES DO RECHEIO:

4 colheres de azeite de oliva
1 cebola média cortada em rodelas
4 dentes de alho cortados em lascas
1 cálice de vinho branco seco
1 xícara de pão amanhecido ralado
1 colher de sopa de filés de aliche amassados
3 colheres de sopa de alcaparras lavadas e escorridas
½ xícara de queijo *pecorino* ou parmesão cortado em pedaços pequenos
1 macinho de salsinha picada
1 ramo de manjericão picado
sal e pimenta-do-reino a gosto

MODO DE PREPARO:

Deixe as lulas de molho na água com as rodelas de limão durante 30 minutos. Depois, seque-as, corte as perninhas e reserve o restante.
*Recheio:* Corte em pedaços as perninhas das lulas e refogue-as no azeite com a cebola, o alho, sal, pimenta e o vinho. Retire do fogo e junte o pão, a aliche, as alcaparras e o queijo. Misture bem e acrescente a salsinha e o manjericão. A mistura deve ficar bem úmida.
Pegue as lulas reservadas. Coloque no centro de cada uma um pouco do recheio. Feche com palitos de dentes.
Em uma frigideira antiaderente com pouco óleo, frite as lulas já recheadas dos dois lados.
Sirva com purê de batatas ou legumes cozidos.

> DICA: Depois de fritas, as lulas podem ser colocadas dentro de um molho de tomates. Deixe cozinhar um pouco. Esse molho pode acompanhar alguma massa.

TEMPO DE PREPARO: 30 min.

RENDIMENTO: Serve 6 pessoas.

# Cuscusu Trapanisi
(CUSCUZ TRAPANENSE)

INGREDIENTES:

500 g de cuscuz semipronto
1 ℓ (ou mais) de caldo de peixe (ver receita na p. 42)
molho ragu de peixe (ver receita na p. 142)
amêndoas inteiras para enfeitar

MODO DE PREPARO:

Em uma tigela, despeje o cuscuz semipronto e junte o caldo de peixe. O caldo deve ter o dobro do peso do cuscuz: se for preciso, junte água quente.
Deixe descansar por 15 a 20 minutos, até ficar soltinho e estufado.
Coloque numa fôrma de pudim e aqueça em banho-maria. Na hora de servir, desenforme num prato grande, despejando ragu de peixe por cima e dentro do buraco deixado pela fôrma. Enfeite com amêndoas.

> CURIOSIDADE: Esse prato é de origem árabe, mas o *Cus-cuz* à moda de Trapani é preparado com peixe, enquanto o outro usa verdura e carne. Para fazer essa receita é comum usar-se uma panela especial, chamada cuscuzeira.

TEMPO DE PREPARO: 40 min.

RENDIMENTO: Serve de 6 a 8 pessoas.

# Merluzzo a' Palermitana
(BACALHAU FRESCO À PALERMITANA)

INGREDIENTES:

6 filés grandes de merluza (ou de bacalhau fresco)
2 limões
½ xícara de azeite de oliva
4 anchovas inteiras conservadas em sal
1 dente de alho
4 raminhos de alecrim
1 macinho de salsinha
2 colheres de sopa de pão amanhecido cortado em cubos
sal e pimenta-do-reino a gosto
óleo de girassol para untar

MODO DE PREPARO:

Lave e seque os filés de merluza (ou de bacalhau fresco). Mergulhe-os em uma tigela com água fria, sal e suco de 1 limão. Deixe por ½ hora. Aqueça o azeite em uma panela. Quando estiver bem quente, acrescente as anchovas, esmagando-as com um garfo. Depois de derretidas, reserve a pasta das anchovas em uma tigela.
Pique bem a salsinha com o alho em uma tábua de madeira. Preaqueça o forno.
Unte uma travessa de vidro com óleo e disponha os filés de merluza. Despeje metade da pasta de anchovas sobre os filés. Salpique com salsinha preaquecida e os cubos de pão. Tempere com sal e pimenta-do-reino. Corte fatias finas de limão e coloque-as sobre o peixe, juntando o alecrim. Asse por 40 minutos.
Depois de pronto, retire as fatias de limão. Sirva quente.

CURIOSIDADE: O bacalhau fresco (ou merluza) é muito popular na Sicília assim como em toda a Itália. Seu gosto suave é normalmente realçado com o uso de temperos fortes, como o alecrim ou as anchovas, bem à moda palermitana.

TEMPO DE PREPARO: 40 min.

RENDIMENTO: Serve 8 pessoas.

# Pisci e Cacocciuli
(LINGUADO E ALCACHOFRAS)

INGREDIENTES:

4 filés de linguado grandes
3 colheres de farinha de trigo
3 fundos de alcachofras cortados em cubos
suco de 1½ limão
300 g de batatas cortadas em cubos
200 g de manteiga
2 cebolas pequenas cortadas em rodelas
4 colheres de sopa de caldo de carne (ver receita na p. 41)
1 ramo de salsinha picado
sal e pimenta-do-reino a gosto

MODO DE PREPARO:

Corte os filés de linguado em tiras finas e passe na farinha de trigo.
Deixe os fundos de alcachofra cortados de molho em água com um pouco de suco de limão para que não escureçam.
Corte as batatas e frite-as em 50 g de manteiga até dourarem e ficarem macias. Reserve quente. Faça o mesmo com os cubos de alcachofra.
Refogue a cebola em 50 g de manteiga, acrescente o caldo de carne, o restante do suco de limão, mais 50 g de manteiga e deixe engrossar. Acrescente sal e pimenta.
Frite as tiras de linguado no restante da manteiga, acrescentando sal e pimenta.
Sirva numa vasilha com as batatas e as alcachofras, colocando o caldo por cima e salpicando salsinha.

TEMPO DE PREPARO: 30 min.

RENDIMENTO: Serve 4 pessoas.

# Pisci i Trapani
(PEIXE À TRAPANI)

INGREDIENTES:

1 kg de peixe (pescada grande, robalo ou namorado)
suco de 1 limão
6 colheres de sopa de azeite de oliva
1 cebola média cortada em rodelas
2 talos de salsão branco picados
10 ou 12 azeitonas pretas sem caroços
1 colher de sopa de alcaparras
200 g de molho de tomate (ver receita na p. 145)
50 g de queijo parmesão ralado (opcional)
sal e pimenta-do-reino a gosto
torradas de pão italiano para servir

MODO DE PREPARO:

Limpe e corte o peixe em postas. Tempere com sal, suco de limão, 2 colheres de azeite e pimenta. Deixe marinar por mais ou menos uma hora. Coloque a cebola em uma panela com ½ copo de água e 4 colheres de azeite. Cozinhe-as até evaporar toda a água. Acrescente os talos de salsão, as azeitonas e as alcaparras. Quando começar a engrossar, junte as postas de peixe. Deixe cozinhar por 15 a 20 minutos em fogo baixo. Ponha o peixe em uma travessa e cubra com o molho de tomates. Se quiser, jogue queijo parmesão ralado por cima.
Sirva bem quente com torradas untadas com manteiga e polvilhadas com queijo parmesão ralado.

TEMPO DE PREPARO: 30 min (descontando-se o tempo da marinada).

RENDIMENTO: Serve 4 pessoas.

# Piscispada Arrustutu ccù Salmurighiu
(PEIXE-ESPADA GRELHADO COM MOLHO SALMORILHO)

INGREDIENTES:

1 copo de azeite de oliva
½ copo de água quente
suco de 2 limões
1 dente de alho cortado em lascas
3 ou 4 ramos de salsinha batidinha
1 colher de sopa bem cheia de orégano
1,5 kg de postas de peixe-espada
sal e pimenta-do-reino a gosto

MODO DE PREPARO:

Coloque o azeite em uma panela, juntando a água quente. Bata bem com um garfo e aos poucos acrescente o suco dos limões. Junte o alho, o orégano, a salsinha, sal e pimenta. Cozinhe por 5 minutos em banho-maria.
À parte, tempere as postas de peixe com sal e pimenta e grelhe.
Sirva o peixe numa terrina e o molho numa molheira.

DICA: Pode-se substituir o peixe-espada por atum branco fresco.

CURIOSIDADE: A pesca do peixe-espada é muito famosa. É feita à noite. Os barcos, chamados de *la tornara*, possuem uma grande haste, com uma lâmpada em seu topo. Um pescador fica no alto dessa haste e avisa aos pescadores que estão embaixo quando o cardume se aproxima. Quando ele grita, os outros usam lanças especiais para fisgar os peixes.

TEMPO DE PREPARO: 30 min.

RENDIMENTO: Serve 6 pessoas.

# Piscistocco a' Missinisa
(PESCESTOCCO À MESSINESA)

INGREDIENTES:

1 xícara de azeite
1 cebola cortada em rodelas
2 dentes de alho cortados em lascas
1 kg de *pescestocco* já amolecido, cortado em postas
½ copo de vinho branco seco
500 g de molho de tomate (ver receita na p. 145)
½ kg de batatas cortadas em cubos
50 g de azeitonas verdes sem caroços
1 colher de sopa de alcaparras
1 cenoura cortada em rodelas finas
½ colher de sopa de *pinoli*
½ colher de sopa de uvas-passas
½ coração de salsão verde cortado fino
sal e pimenta-do-reino a gosto

MODO DE PREPARO:

Em uma panela, coloque o azeite, a cebola, o alho. Quando estiverem dourados, acrescente as postas de *pescestocco* e deixe tomar gosto. Adicione o vinho branco e deixe evaporar. Depois, junte o molho de tomates e deixe cozinhar por mais ou menos 1 hora. Acrescente as batatas cortadas em cubos, as azeitonas, as alcaparras, as rodelas de cenoura, os *pinoli*, as uvas-passas e o salsão verde. Coloque sal e pimenta. Sirva em seguida.

> DICA: Experimente fazer essa receita com bacalhau (já dessalgado) cortado em postas. É possível também substituir o molho de tomate por tomates sem pele e sem sementes, cortados em cubos.

> CURIOSIDADE: Na cidade de Messina, existem lojas especializadas no preparo do *pescestocco*. Elas vendem o peixe já pronto, ou seja, já amolecido, pois ele é seco e muito duro.

TEMPO DE PREPARO: 60 min.

RENDIMENTO: Serve 6 pessoas.

# Piscistocco Bugghiutu
(PESCESTOCCO FERVIDO)

INGREDIENTES:

500 g de *pescestocco* amolecido em água (ou bacalhau em postas dessalgado)
25 g de batatas cortadas em fatias grossas
azeite de oliva à vontade
1 ramo de salsinha picada
sal a gosto (se necessário)

MODO DE PREPARO:

Ferva água em uma panela funda. Coloque as postas de bacalhau ou *pescestocco* com uma pitada de sal. Deixe cozinhar por 40 a 50 minutos. Aos 30 minutos, junte as batatas. Depois de tudo cozido, escorra e coloque no prato que será levado à mesa. Regue com bastante azeite de oliva e enfeite com salsinha picada.

> CURIOSIDADE: O *merluzzo* é um peixe típico da costa siciliana que pode ser transformado em *pescestocco* (ou *stoccafisso*) ou em bacalhau. Para fazer o *pescestocco* é preciso limpar o *merluzzo* e pendurá-lo ao ar livre pelo rabo, de dois em dois, distantes um do outro, para secar. Já o *merluzzo* que vai se transformar em bacalhau deve ser aberto, salgado e esticado em lugares ventilados.

TEMPO DE PREPARO: 40 min.

RENDIMENTO: Serve 4 pessoas.

# Sardi a Beccaficu
(SARDINHAS RECHEADAS)

INGREDIENTES:

8 a 10 sardinhas inteiras sem espinhas
suco de 1 limão
250 g de pão amanhecido ralado
200 g de queijo parmesão ralado
1 dente de alho cortado em lascas
3 ovos
2 colheres de sopa de alcaparra lavadas e escorridas
3 colheres de sopa de salsinha picada
1 xícara de óleo de girassol
1 xícara de farinha de trigo
sal a gosto

INGREDIENTES DO MOLHO:

1 cebola média cortada em rodelas
½ xícara de óleo
120 ml de vinho branco seco
500 g de tomates sem pele e sementes picados
sal a gosto

MODO DE PREPARO:

Limpe as sardinhas, lave e deixe de molho por uma hora no suco do limão. Escorra e reserve.
À parte, misture o pão ralado, o queijo, o alho, o sal, os ovos, as alcaparras e a salsinha.
Coloque um pouco do recheio sobre uma parte das sardinhas, cobrindo com a outra. Amarre com barbante para não abrir, passe na farinha de trigo e frite dos dois lados em óleo bem quente.
*Molho:* frite a cebola em rodelas no óleo. Acrescente o vinho branco, o tomate e algumas colheres de água. Junte as sardinhas a esse molho e deixe cozinhar levemente, até o molho ficar espesso. Verifique o sal. Sirva quente.

> TOQUE PESSOAL: Eu também sirvo essas sardinhas somente fritas e acompanhadas por legumes cozidos.

TEMPO DE PREPARO: 40 min.

RENDIMENTO: Serve 4 pessoas.

# Sardi a Beccaficu ccù Sucu
(SARDINHAS COM MOLHO DE TOMATE)

INGREDIENTES:

1 kg de sardinhas frescas, limpas e abertas (abra em duas partes, mantendo-as grudadas em um dos lados)
1 xícara de farinha de trigo
2 ovos inteiros batidos
1 xícara de óleo de girassol
sal e pimenta-do-reino a gosto
pão ralado para empanar

INGREDIENTES DO RECHEIO:

1 xícara de pão amolecido ralado
1 xícara de queijo *pecorino* ralado
1 ramo de salsinha picada
e dentes de alho cortados em lascas
3 ovos inteiros batidos
sal e pimenta-do-reino a gosto

INGREDIENTES DO MOLHO:

½ xícara de azeite de oliva
½ cebola cortada em rodelas
1 ramo de salsinha picado
2 xícaras de molho de tomate (ver receita na p. 145)
2 colheres de extrato de tomate (ver receita na p. 146)
sal e pimenta-do-reino a gosto

MODO DE PREPARO:

Lave, seque as sardinhas e retire as cabeças e a espinha central. Reserve.
*Recheio:* Misture todos os ingredientes, juntando por último os ovos, sal e pimenta.
Coloque algumas colheres do recheio sobre uma metade de cada sardinha, e cubra com a outra metade. Feche com um palito de dentes. Passe as sardinhas na farinha de trigo, nos ovos batidos e depois no pão ralado. Frite, escorra em papel absorvente e reserve.
*Molho:* Em uma panela rasa e grande, coloque o azeite, a cebola, sal, pimenta, a salsinha e o molho de tomates. Desmanche o extrato de tomates em 1 xícara de água quente e junte à mistura.

Deixe tomar gosto por 10 minutos e então junte as sardinhas, uma ao lado da outra. Tampe a panela e deixe cozinhar em fogo baixo. Quando o molho ficar encorpado e as sardinhas macias, estará pronto.

> DICA: Se quiser, antes de tampar a panela com o molho de tomates e as sardinhas, acrescente ½ cálice de vinho branco seco. Deixe evaporar.
> Essa sardinha pode também acompanhar uma massa: quando estiverem cozidas no molho, retire as sardinhas e reserve-as para servir como segundo prato, e condimente a massa com o molho que ficou na panela.

TEMPO DE PREPARO: 40 min.

RENDIMENTO: Serve de 4 a 6 pessoas.

# Trigghi a Bagnumaria
(TRILHAS EM BANHO-MARIA)

INGREDIENTES:

500 g de trilhas frescas (ou outro peixe)
6 colheres de sopa de azeite de oliva
30 g de farinha de rosca
1 colher de chá de orégano
1 dente de alho cortado em lascas
1 ramo de salsinha batidinha
suco de 1 limão
sal e pimenta-do-reino a gosto

MODO DE PREPARO:

Coloque o peixe já limpo em um prato. Por cima, despeje o azeite, a farinha de rosca, o orégano, sal e pimenta, o alho e a salsinha. Acrescente o suco de limão.
Cubra com outro prato e leve ao fogo em banho-maria por 15 minutos.

> TOQUE PESSOAL: Eu faço esse prato com filé de linguado. Coloco azeite no prato antes de dispor os filés de peixe. Por cima acrescento um tomate sem pele e sem sementes e uma colher de alcaparras, tomando cuidado com a quantidade de sal. Deixo em banho-maria, sempre tampado. É um prato simples e bem gostoso!

TEMPO DE PREPARO: 15 min.

RENDIMENTO: Serve 4 pessoas.

# Tunnu a' Pizzaiuola
(ATUM À PIZZAIOLA)

INGREDIENTES:

600 g de atum em postas
2 colheres de sopa de óleo de girassol
2 colheres de sopa de azeite de oliva
250 g de tomates sem pele e sem sementes
1 dente de alho cortado em lascas
1 ramo de manjericão
2 colheres de sopa de orégano
pimenta-do-reino a gosto
sal a gosto, se necessário

MODO DE PREPARO:

Coloque as postas de atum em uma fôrma refratária, em camadas, já com óleo e 1 colher de azeite. Por cima, disponha os tomates cortados em cubos, o alho, as folhas de manjericão e o orégano. Adicione sal e pimenta e 1 colher de azeite. Leve ao forno por 30 minutos. Sirva na própria fôrma.

TEMPO DE PREPARO: 30 min.

RENDIMENTO: Serve 6 pessoas.

# Tunnu a' Matalotta
(ATUM FRESCO À MARINARA)

INGREDIENTES:

6 postas de atum fresco
½ xícara azeite de oliva
500 g de tomate sem pele e sem sementes, cortados em cubos
3 colheres de sopa de azeitonas verdes sem caroço inteiras
2 colheres de sopa de alcaparras
3 colheres de sopa de farinha de rosca
6 folhas de hortelã e 1 ramo de salsinha batidinha
sal e pimenta-do-reino a gosto

MODO DE PREPARO:

Coloque em uma panela que possa ir ao forno com as postas de atum. Depois, em uma camada, ponha o azeite, os tomates, as azeitonas e as alcaparras. Cubra tudo com água. Deixe ferver em fogo baixo e, quando a água secar, leve ao forno, acrescentando por cima a farinha de rosca e a hortelã e a salsinha batidas. Cozinhe por 10 minutos. Depois, coloque sal e pimenta. Sirva na mesma panela.

DICA: O atum pode ser substituído por badejo.

TEMPO DE PREPARO: 30 min.

RENDIMENTO: Serve 6 pessoas.

# Tunnu Cunzatu

(PEIXE MARINADO EM ERVAS AROMÁTICAS)

INGREDIENTES:

500 g de atum branco fresco cortado em postas finas
5 colheres de sopa de azeite de oliva
sal e pimenta-do-reino a gosto

INGREDIENTES DA MARINADA:

20 folhas grandes de hortelã
15 folhas grandes de manjericão
folhas de 3 ramos de salsinha
10 folhas grandes de sálvia
1 colher de sopa de folhas de alecrim
4 colheres de sopa de alcaparras escorridas
1 colher de chá de orégano seco
1 cebola pequena picada
1 colher de sopa de vinagre de vinho tinto
2 colheres de sopa de suco de 1 limão
50 ml de azeite de oliva
sal e pimenta-do-reino a gosto

MODO DE PREPARO:

Corte o atum em postas finas. Leve ao fogo médio uma frigideira antiaderente como azeite de oliva. Quando o azeite estiver quente, adicione o peixe, aumente o fogo e deixe por 2 minutos, mexendo a frigideira. Acrescente sal e pimenta e transfira para um refratário grande.
*Marinada:* Coloque no processador a hortelã, o manjericão, a salsinha, a sálvia, o alecrim, as alcaparras, o orégano e a cebola e triture bem. Adicione o vinagre, o suco de limão e o azeite e misture bem. Coloque sal e pimenta, misture novamente.
Coloque a marinada sobre o peixe. Cubra com filme plástico e leve ao refrigerador por no mínimo ½ hora antes de servir. Retire do refrigerador e remexa para que o peixe e o molho se integrem. Transfira tudo para um prato. Sirva como *carpaccio*.

TEMPO DE PREPARO: 30 min.

RENDIMENTO: Serve 4 pessoas.

# Tunnu Friscu ccù Pummaroru

(ATUM FRESCO ENSOPADO)

INGREDIENTES:

4 postas de atum branco fresco (ou outro peixe)
4 colheres de sopa de farinha de trigo
50 g de manteiga
3 colheres de sopa de azeite de oliva
1 cebola média cortada em rodelas
500 g de tomates maduros picados, sem pele e sem sementes
1 ramo de manjericão picado
2 colheres de sopa de salsinha picada
1 dente de alho cortado em lascas
1 cálice de vinho branco
sal e pimenta-do-reino a gosto

MODO DE PREPARO:

Lave e seque as postas de peixe e passa-as na farinha de trigo.
Em uma panela antiaderente, coloque a manteiga e o azeite. Junte a cebola. Deixe fritar lentamente. Acrescente os tomates e o manjericão. Deixe tomar gosto. Tampe para que os tomates cozinhem bem. Depois, coloque as postas uma ao lado da outra, adicionando um pouco de sal, pimenta, virando de um lado e de outro. Junte a salsinha, o alho e o vinho (reserve um pouco da salsinha para enfeitar). Deixe cozinhar por mais 15 minutos, mexendo a panela para não grudar.
Quando estiverem cozidas, retire as postas, coloque-as em um prato e regue tudo com o molho que ficou na panela. Enfeite com salsinha.

TEMPO DE PREPARO: 40 min.

RENDIMENTO: Serve 4 pessoas.

# Tunnu Ammucciàtu
(ATUM ESCONDIDO)

INGREDIENTES:

2 filés de atum cortados em fatias grossas
suco de 1 limão
2 colheres de sopa de alcaparras amolecidas em vinagre de vinho
1 macinho de salsinha
1 ramo de manjericão fresco
1 dente de alho cortado em lascas
1 tomate grande maduro
½ xícara de azeite de oliva
sal e pimenta-do-reino a gosto
folhas de papel-alumínio para assar

MODO DE PREPARO:

Deixe o atum de molho em água, sal, e o suco de limão por ½ hora. Enquanto isso, pique as alcaparras, a salsinha, o manjericão e o alho (reserve algumas folhas frescas da salsinha e do manjericão para enfeitar). Coloque tudo em uma tigela, adicionando 6 colheres de sopa de azeite, sal e pimenta. Misture bem até formar uma pasta. Reserve.
Escorra o atum e lave-o em água fria corrente. Depois, seque-o em papel absorvente. Reserve.
Corte o tomate sem remover as sementes ou a pele. Aqueça 8 colheres de azeite em uma frigideira antiaderente e frite as fatias de tomate levemente. Tempere com sal e pimenta-do-reino.
Em seguida, prepare dois envelopes de papel-alumínio, largos o bastante para receber o filé de atum. Coloque em cada envelope azeite, os filés de atum, a pasta dos temperos e por cima os tomates fritos e seu suco (reserve um pouco dos tomates para o final).
Antes de servir, abra os envelopes, colocando mais um pouco de tomates e folhas frescas de salsinha e manjericão. Sirva no próprio envelope semiaberto.

TEMPO DE PREPARO: 20 min.

RENDIMENTO: Serve 2 pessoas.

# MOLHOS

# Ragu di Festa
(MOLHO RAGU PARA FESTA)

INGREDIENTES:

½ colher de sopa de banha
400 g de batatas
½ xícara de azeite de oliva
1 cebola cortada em rodelas
1 macinho de salsinha picada
300 g de tomates sem pele e sem sementes cortados em cubos
3 folhas de louro
1 ramo de manjericão picado
1 colher de extrato de tomate (ver receita na p. 146)
½ copo de vinho tinto
1 kg de "falso magro" frito (ver receita na p. 105)
12 almôndegas de carne de vitela (ou porco) moída e frita
12 pedaços de linguiça frita
1 pedaço de *ossobuco* frito junto com cebola e batatas
200 g de ervilhas frescas
1 colher de café de açúcar
sal e pimenta-do-reino a gosto

MODO DE PREPARO:

Em uma frigideira antiaderente, frite as batatas cortadas em pedaços grandes na banha.

Em uma panela grande, coloque o azeite, a cebola e a salsinha. Acrescente os tomates, as folhas de louro, o manjericão e o extrato de tomate, misturando o vinho tinto. Deixe cozinhar por 20 minutos. Dentro dessa mesma panela, coloque o "falso magro", e espalhe em volta as almôndegas, a linguiça e o *ossobuco*. Acrescente sal, pimenta e adicione água até cobrir tudo. Tampe e cozinhe em fogo baixo. Depois de 1 hora de cozimento, adicione as batatas já fritas, as ervilhas e salpique açúcar. Para servir, use um prato grande ou uma travessa. Coloque por fora as batatas e por dentro as almôndegas e a linguiça. No centro, coloque o "falso magro" cortado em fatias e cubra com o molho que sobrou na panela.

DICA: Esse prato é uma festa por si só! E é sempre uma boa ocasião para reunir os familiares ou amigos para degustar *i maccaruni* feitos à mão e temperados com esse ragu.

TEMPO DE PREPARO: 60 min.

RENDIMENTO: 12 porções.

## Ragu i Carni
(MOLHO RAGU DE CARNE)

INGREDIENTES:

2 colheres de sopa de manteiga
4 colheres de óleo de girassol
50 g de *pancetta* ou presunto cortado em tiras
1 cebola grande cortada em rodelas
4 tomates maduros sem pele e sem sementes cortados em cubos
500 g de carne moída ou cortada em cubos pequenos
1 talo de salsão com as folhas picadas
1 cálice de vinho tinto
1 xícara de molho de tomate (ver receita na p. 145)
2 folhas de louro
1 cenoura cortada em rodelas
2 colheres de azeite de oliva
sal e pimenta-do-reino a gosto

MODO DE PREPARO:

Em uma panela antiaderente, coloque a manteiga, o óleo, a *pancetta* ou o presunto, a cebola, os tomates, o salsão e a carne, todos os ingredientes frios. Misture bem e ponha em fogo baixo por 10 minutos. Quando a carne estiver dourada e as verduras cozidas, adicione o vinho. Deixe evaporar e acrescente o molho de tomates misturado com 1 xícara de água quente, sal, pimenta e as folhas de louro. Deixe cozinhar em fogo bem baixo e com tampa. Mexa de vez em quando. Se necessário, coloque mais água quente. Em 1 hora a carne deve estar macia e o molho, encorpado. No final, adicione 2 colheres de azeite.

DICA: Esse molho é ótimo para condimentar nhoque, talharim e *fuzzili*, e perfeito para se fazer uma deliciosa lasanha.

TEMPO DE PREPARO: 2 h.

RENDIMENTO: Serve de 8 a 10 pessoas.

# Ragu i Pisci
(MOLHO RAGU DE PEIXE)

INGREDIENTES:

1 xícara de azeite de oliva misturado com óleo de girassol
150 g de cebola cortada em rodelas
120 g de alho e salsinha picados
1 folha de louro
100 g de tomates bem maduros, sem pele, sem sementes e cortados em cubos
2 kg (no total) de pescada, robalo e namorado, cortados em postas
1 pitada de açafrão
50 g de amêndoas sem pele, cortadas miúdas (ou trituradas)
sal e pimenta-do-reino a gosto

MODO DE PREPARO:

Em uma panela grande, frite em óleo e azeite a cebola, o alho com a salsinha, a folha de louro. Junte os tomates cortados em cubos. Deixe cozinhar. Depois, acrescente as postas de peixe e 1 copo água. Coloque sal, a pitada de açafrão, a pimenta e as amêndoas e deixe cozinhar em fogo baixo por ½ hora ou até que as postas estejam macias e o molho encorpado. Se for necessário, acrescente água quente durante o cozimento.

DICA: Esse molho serve para condimentar macarrão *bucatini* ou espaguete.

TEMPO DE PREPARO: 40 min.

RENDIMENTO: 8 porções.

# Sarsa di Pummaroru ca Carni
(MOLHO DE TOMATE COM CARNE)

INGREDIENTES:

½ xícara de azeite de oliva
2 dentes de alho cortados em lascas
1 cebola cortada em rodelas
2 ramos de manjericão
1 colher de sopa de salsão branco picado
500 g de patinho moído
1 cenoura ralada
1 copo de vinho tinto
2 colheres de sopa de extrato de tomate (ver receita na p. 146)
1 xícara de água quente
1 ℓ de molho de tomate (ver receita na p. 145)
sal e pimenta-do-reino a gosto

MODO DE PREPARO:

Leve ao fogo o azeite, o alho, a cebola, o manjericão e o salsão. Acrescente a carne moída, a cenoura ralada, sal e o vinho tinto e refogue. Junte o extrato de tomate já diluído em água quente. Tampe a panela e deixe cozinhar em fogo baixo. Acrescente o molho de tomate e continue cozinhando até a carne ficar macia e o molho encorpado. Coloque sal e pimenta. Se for necessário, adicione mais água quente.

> DICA: Se não quiser fazer o extrato de tomate, use um concentrado de tomate de sua preferência.

> TOQUE PESSOAL: Uso esse molho para rechear *canneloni*, na lasanha e no macarrão à bolonhesa.

TEMPO DE PREPARO: 40 min.

RENDIMENTO: 8 porções.

# Sarsa di Menta
(MOLHO DE HORTELÃ)

INGREDIENTES:

miolo de 3 pães amanhecidos
6 colheres de sopa de vinagre
20 g de folhas de hortelã
20 g de salsinha
1 dente de alho
6 filés de aliche no azeite
6 colheres de sopa de azeite de oliva
sal e pimenta-do-reino a gosto

MODO DE PREPARO:

Coloque o miolo do pão no vinagre.
Amasse as folhas de hortelã, a salsinha, o alho e os filés de aliche até formar um creme. Aos poucos junte o azeite, o pão espremido, sal e pimenta. Misture tudo até formar uma pasta encorpada.

DICA: Esse molho é ótimo para temperar cordeiro e peixes grelhados.

Pode-se usar o liquidificador para bater as ervas, o pão, a aliche e o azeite, da mesma maneira que se prepara uma maionese.

TOQUE PESSOAL: Eu trituro tudo e depois acrescento à mão o azeite, o sal e a pimenta moída na hora.

TEMPO DE PREPARO: 15 min.

RENDIMENTO: Serve 8 pessoas.

# Sarsa i Pummaroru

(MOLHO DE TOMATE)

INGREDIENTES:

1 kg de tomates maduros
1 cebola cortada em rodelas
3 dentes de alho cortados em lascas
2 ramos de manjericão
½ xícara de azeite de oliva

MODO DE PREPARO:

Lave e corte os tomates em quatro partes e coloque em uma panela com a cebola, o alho e 1 ramo de manjericão picado. Tampe e, de vez em quando, amasse os tomates com uma colher de pau. Quando estiverem bem murchos, retire a tampa e deixe secar parte da água que se formou. Passe o molho por uma peneira, recoloque na mesma panela e deixe em fogo baixo para apurar. Coloque sal, 1 ramo de manjericão picado e o azeite.
Retire do fogo e guarde em um pote de vidro.

DICA: Esse molho pode ser usado para condimentar macarrão ou arroz ou ser acrescentado em ensopado.

TEMPO DE PREPARO: 40 min.

RENDIMENTO: 4 porções.

# Strattu du Pummaroru
(EXTRATO DE TOMATE)

INGREDIENTES:

2 kg de tomates maduros
2 cebolas cortadas em rodelas
3 dentes de alho cortados em lascas
1 ramo de manjericão
4 folhas de louro
1½ xícara de azeite de oliva
sal a gosto

MODO DE PREPARO:

Lave e corte os tomates em quatro partes e coloque em uma panela com a cebola, o alho e as folhas de manjericão. Tampe e, de vez em quando, amasse os tomates com uma colher de pau. Quando estiverem bem murchos, retire a tampa e deixe secar parte da água que se formou. Passe esse molho na peneira e leve de volta ao fogo até engrossar bem. Despeje em uma fôrma de barro e deixe secar ao sol. Quando estiver bem seco, coloque 1 xícara de azeite, as folhas de louro e sal. Guarde embrulhado com papel absorvente.

> CURIOSIDADE: Antigamente os tomates amadureciam somente no verão. Por isso, era nessa época que se preparava esse molho para ser usado durante o inverno. Hoje não há mais essa necessidade, pois é possível encontrar tomates durante o ano todo.

TEMPO DE PREPARO: 40 min (descontando-se o tempo de secagem).

RENDIMENTO: 8 porções.

# Sugu ccù Marsala
(MOLHO *ROTI*)

INGREDIENTES:

100 g de manteiga
1 colher de sopa de farinha de trigo
2 xícaras de caldo de carne (ver receita na p. 41)
3 ou 4 colheres de sopa de vinho Marsala
sal e pimenta a gosto

MODO DE PREPARO:

Em uma frigideira antiaderente, derreta a manteiga e coloque de uma vez só a farinha. Mexa bem até a mistura ficar escura. Aqueça bem o caldo de carne e junte à mistura, seguido do vinho. Misture bem para não empelotar. No final, coloque sal e pimenta. Se for necessário, coloque mais caldo ou água quente; o molho deve ficar encorpado.

DICA: Sirva sobre carnes grelhadas ou ao forno.

TEMPO DE PREPARO: 15 min.

RENDIMENTO: Serve 6 porções.

# SOBREMESAS

# Affuca Parrinu
(AFOGA-PADRES)

INGREDIENTES:

250 g de farinha de trigo
50 g de açúcar
casca de 1 limão ralada
3 ovos inteiros
1 colher de sopa de azeite de oliva
1 pitada de sal
água quente

MODO DE PREPARO:

Junte todos os ingredientes e trabalhe bem a massa. Faça uma bola e deixe descansar por 30 minutos.
Corte a massa em pedacinhos e enrole como se fosse fazer rolinhos. Corte em pedaços de 2 cm por 7 cm e depois coloque na água quente. Retire da água, escorra e coloque em uma assadeira untada com manteiga. Leve ao forno médio até assarem bem.

> CURIOSIDADE: As freiras dos conventos eram especialistas na arte da *dolciaria* e preparavam esses biscoitos, deliberadamente secos e duros, que muitas vezes faziam com que os padres engasgassem.

TEMPO DE PREPARO: 40 min.

RENDIMENTO: 20 a 30 biscoitos.

# Bignè ccà Cicculatti
(BIGNÈ AO CHOCOLATE)

INGREDIENTES DA MASSA:

300 g de farinha de trigo
½ litro de água
70 g de manteiga
8 ovos inteiros
sal a gosto

INGREDIENTES DO RECHEIO:

1 copo de leite quente
40 g de chocolate para cobertura
2 colheres de sopa de açúcar
1 colher de sopa de farinha de trigo
2 gemas batidas
½ litro de creme de leite batido como chantili (com 1 colher de sopa de açúcar)

INGREDIENTES DO GLACÊ:

½ xícara de leite
1 xícara de chocolate em pó
½ xícara de açúcar
1 colher de margarina

MODO DE PREPARO:

Em uma panela, ferva a água com a manteiga e o sal. Tire do fogo, acrescentando a farinha de trigo. Misture bem. Leve novamente ao fogo e cozinhe, sempre mexendo, até que a massa desgrude das bordas, formando uma bola. Deixe amornar. Acrescente os ovos, um por vez. Trabalhe bem a massa. Forme pequenas bolinhas e coloque-as distantes umas das outras em uma travessa untada. Leve ao forno por 20 minutos. Quando prontas, deixe esfriar.

*Recheio:* Derreta o chocolate, o açúcar e a farinha de trigo no leite quente. Cozinhe por alguns minutos. Retire a panela do fogo e acrescente as gemas batidas. Misture bem. Deixe o creme amornar.

Com a ponta de uma faca, abra um buraquinho no meio de cada bolinha. Encha uma seringa para doces com o recheio e preencha uma a uma.

*Glacê:* Misture todos os ingredientes em fogo brando, durante 20 minutos, mexendo de vez em quando. Quando estiver esfriando, pincele os *bignè* com esse glacê.

TEMPO DE PREPARO: 40 min.

RENDIMENTO: 30 a 40 *bignès*.

## Buccellati
(TROUXINHAS DE FRUTAS SECAS)

INGREDIENTES DA MASSA:

1 kg de farinha de trigo
250 g de banha
250 g de açúcar
1 colher de chá de fermento em pó
30 g de farinha de arroz
1 copo de leite

INGREDIENTES DO RECHEIO:

150 g de amêndoas torradas
150 g de nozes
1 copo de vinho tinto
4 colheres de sopa de mel
1 pitada de canela
2 colheres de sopa de açúcar
300 g de uvas passas amolecidas em água e escorridas
1 kg de figos secos amolecidos em água quente, escorridos e moídos
3 cravos
100 g de chocolate para cobertura
casca de 1 laranja ralada

MODO DE PREPARO:

*Massa:* Misture a farinha de trigo com a banha, o açúcar, o fermento, a farinha de arroz, adicionando, aos poucos, o leite, até adquirir consistência macia. Deixe descansar por algumas horas.
*Recheio:* Pique as amêndoas e as nozes, bem finas. Em uma panela, ferva o vinho com o mel, a canela e o açúcar. Acrescente as uvas-passas, os figos, os cravos, misturando tudo em fogo baixo por 10 minutos. Deixe esfriar e junte o chocolate em pedaços e a casca de laranja ralada. Estenda a massa com o rolo de macarrão, cortando-a em quadrados de 6 cm de lado. Deposite um pouco do recheio em cada quadrado. Levante os quatro cantos e junte-os. Coloque um a um em uma assadeira untada e leve ao forno por meia hora. Deixe esfriar e sirva com açúcar polvilhado.

DICA: A banha pode ser substituída por margarina.

TEMPO DE PREPARO: 60 min (descontando-se o tempo de descanso da massa e de forno).

RENDIMENTO: 20 a 30 trouxinhas.

# Budino ccù Cicculatti
(PUDIM DE AMIDO DE MILHO E CHOCOLATE)

INGREDIENTES:

1 ℓ de leite
3 ovos
70 g de amido de milho
125 g de açúcar
180 g de chocolate em pó
2 colheres de sopa de manteiga

MODO DE PREPARO:

Em uma tigela, dilua o amido de milho em ¼ do leite e nas gemas dos ovos.
Em uma panela, dissolva o açúcar, o chocolate e a manteiga com o resto do leite. Assim que ferver, adicione o creme de amido de milho e cozinhe por 10 minutos em fogo baixo, mexendo sempre.
Bata as claras em neve, juntando-as levemente ao creme. Despeje tudo em uma fôrma molhada em água fria. Leve ao forno, em banho-maria, por 20 minutos. Esfrie bem antes de desenformar.

TEMPO DE PREPARO: 30 min.

RENDIMENTO: Serve 4 pessoas.

# Budino di Risu ccù Cicculatti
(PUDIM DE ARROZ AO CHOCOLATE)

INGREDIENTES:

150 g de arroz
½ ℓ de leite
3 ovos
50 g de manteiga
100 g de açúcar
100 g de chocolate para cobertura ralado
1 pitada de canela

MODO DE PREPARO:

Cozinhe o arroz em ½ litro de leite por ½ hora. Bata as claras em neve. Amasse a manteiga com um garfo até ficar cremosa. Junte o açúcar, as gemas de ovos, o chocolate e a canela às claras em neve e ao arroz cozido. Misture bem. Coloque tudo em uma fôrma para pudim untada e leve ao forno, em banho-maria, por 30 minutos.

TEMPO DE PREPARO: 60 min.

RENDIMENTO: Serve 6 pessoas.

# Cannoli ccà Ricotta
(CASQUINHAS RECHEADAS DE RICOTA)

INGREDIENTES DA MASSA:

150 g de farinha de trigo
1 colher de sopa de cacau em pó
½ colher de sobremesa de pó de café
1 clara
10 g de açúcar
10 g de margarina
1 pitada de sal
1 colher de sopa de vinho Marsala
1 colher de sopa de conhaque ou pinga
1 colher de sobremesa de canela

INGREDIENTES DO RECHEIO:

250 g de ricota fresca passada na peneira
125 g de açúcar
20 g de frutas cristalizadas cortadas em cubinhos
½ cálice de licor de laranja ou casca ralada de 1 laranja
1 colher de sopa de uvas passas amolecidas em água
20 g de chocolate meio amargo cortado em pedacinhos
6 cerejas ao marrasquino
12 pedaços de casca de laranja cristalizada ou em calda
1 xícara de óleo de girassol
canudos de metal ou de bambu para enrolar a massa

MODO DE PREPARO:

*Massa:* Misture a farinha com o cacau, o café, a clara, o açúcar, a margarina, a pitada de sal, o vinho, o conhaque ou a pinga e a canela. Forme uma bola e deixe-a descansar coberta por no mínimo 1 hora.
*Recheio:* Prepare o recheio misturando a ricota passada pela peneira com o açúcar, as frutas cristalizadas, as uvas passas e o licor.
Abra a massa bem fininha e corte círculos com um pires de chá. Enrole a massa nos canudos besuntados de óleo e passe a clara de ovo na borda para fechar o cone. Frite de dois em dois, em bastante óleo, até que estejam bem corados. Deixe escorrer sobre papel absorvente.

Quando esfriar, retire a massa dos canudos com cuidado. Coloque o recheio em um saco de confeitar e preencha os canudos. Enfeite as pontas com as raspas de laranja e as raspas de chocolate.

> DICA: Guarde os canudos em sacos plásticos bem fechados e recheie somente na hora de servir, pois a ricota pode amolecer os canudos.

TEMPO DE PREPARO: 40 min.

RENDIMENTO: 12 canudos.

# Cassata Siciliana
(CASSATA SICILIANA)

INGREDIENTES DA MASSA:

1 pão de ló (ver receita *Pan di Spagna*, p. 180)
1 copo de vinho Marsala
1 copo de água com açúcar

INGREDIENTES DO CREME DE RICOTA:

500 g de ricota fresca
300 g de açúcar
50 g de frutas cristalizadas (ou uvas-passas)
1 colher de café de baunilha
100 g de raspas de chocolate

INGREDIENTES DA COBERTURA (MARZIPÃ): (ver receita na p. 182)

Juntar ao marzipã corante verde-claro para doces
400 g de frutas cristalizadas para enfeitar

MODO DE PREPARO:

*Creme de ricota:* Passe a ricota na peneira, acrescentando o açúcar, as frutas cristalizadas, a baunilha e as raspas de chocolate. Reserve.
*Montagem do prato*: Corte o pão de ló ao meio e coloque num prato para bolos. Passe sobre o bolo algumas colheres de vinho misturado com um pouco de água e coloque em seguida o recheio de ricota (reserve 3 colheres do recheio para a cobertura). Molhe a outra metade do pão de ló com vinho misturado com água e coloque-a por cima do recheio de ricota. Aperte bem. Cubra com o restante do creme de ricota, em cima e dos lados.
*Cobertura:* Estique o marzipã colorido com um rolo de macarrão, em formato redondo, até atingir uma diâmetro que cubra o bolo, inclusive as laterais. Enrole o marzipã no rolo de macarrão e desenrole-o sobre o bolo, cuidadosamente. Enfeite com frutas cristalizadas, desenhando algumas flores.

DICA: Faça um dia antes o pão de ló e o marzipã (este último, guarde na geladeira).

CURIOSIDADE: Costumava-se comer a Cassata Siciliana nas festas de Páscoa, feita pelas freiras do convento de São Carlo de Erice. Tempos depois, sua feitura foi proibida, pois as freiras ficavam muito distraídas durante a Semana Santa.

TEMPO DE PREPARO: 30 min.

RENDIMENTO: Serve 6 pessoas.

# Chiacchiri
(TIRAS DE MASSA FRITAS)

INGREDIENTES:

600 g de farinha de trigo
90 g de açúcar
1 ovo
6 gemas
2 colheres de sopa de banha
1 copo de vinho Marsala
gotas de essência de baunilha a gosto
1 xícara de óleo de girassol
200 g de açúcar de confeiteiro
10 g de canela em pó

MODO DE PREPARO:

Despeje a farinha sobre uma pedra de mármore, fazendo um buraco ao centro. Coloque nele o açúcar, o ovo e as gemas, a banha, o copo de vinho e a baunilha. Trabalhe bem a massa até adquirir consistência. Deixe descansando por 15 minutos.
Alargue a massa com o rolo de macarrão, deixando-a bem fina. Corte fatias largas com formas variadas. Frite no óleo quente até que as tiras fiquem douradinhas. Escorra sobre papel absorvente.
Antes de servir, polvilhe com açúcar de confeiteiro e canela misturados.

TEMPO DE PREPARO: 30 min.

RENDIMENTO: 20 a 30 porções.

# Crema ccu Caffè
(CREME AO CAFÉ)

INGREDIENTES:

3 gemas de ovo
4 colheres de sopa de açúcar
1 colher de chá de farinha de trigo
1 ½ copo de café bem forte
½ copo de leite
150 g de creme de leite fresco batido em forma de chantili
alguns grãos de café para enfeitar

MODO DE PREPARO:

Bata as gemas com o açúcar, adicionando a farinha de trigo, o café e o leite. Aqueça tudo em fogo baixo, mexendo bem, sem deixar ferver. Quando estiver desgrudando da panela estará pronto. Deixe esfriar e acrescente o creme chantili (reserve um pouco para enfeitar). Misture bem. Sirva em taças individuais, com chantili. Enfeite com um grão de café em cada taça.

> DICA: Para fazer o chantili, misture na batedeira o creme de leite bem gelado com 2 colheres de açúcar.

TEMPO DE PREPARO: 30 min.

RENDIMENTO: 6 porções.

# Crema di Baunidda
(CREME DE BAUNILHA)

INGREDIENTES:

4 colheres de sopa cheias de amido de milho
1 ℓ de leite
6 gemas
200 g de açúcar
1 colher de café de baunilha
casca de 1 limão ralada

MODO DE PREPARO:

Desmanche o amido de milho em um pouco de leite frio.
Bata as gemas com o açúcar até ficarem espumosas. Em uma panela, misture as gemas batidas com a baunilha, o restante do leite, o amido de milho desmanchado e a casca de limão.
Leve a panela ao fogo. Mexa bem até o creme ficar consistente e desgrudar da panela.

> DICA: Esse creme, conhecido também como *crema pasticcera*, serve como base para todas as receitas de doces que requerem creme. Serve também para ser usado em sorvetes *pezzi duri*, como a cassata gelada.

TEMPO DE PREPARO: 20 min.

RENDIMENTO: 8 porções.

# Crostata alla Crema
(CROSTATA AO CREME)

INGREDIENTES DA MASSA:

200 g de *pasta frolla* (ver receita na p. 166)

INGREDIENTES DO RECHEIO:

100 g de *crema pasticcera* (ver receita *Crema di Baunidda*, p. 164)
25 g de uvas-passas brancas
7 nozes cortadas em pedaços pequenos

manteiga para untar

MODO DE PREPARO:

*Massa*: Prepare a massa e espalhe-a no fundo e nas bordas de uma fôrma redonda untada com manteiga. Reserve parte da massa para cobrir a torta com tiras.
*Recheio*: Prepare o *pasticcera*, acrescente as uvas-passas e as nozes e encha a fôrma.
Corte tiras de massa e coloque-as sobre o recheio, formando um quadriculado.
Coloque no forno preaquecido e deixe cozinhar em fogo brando por 30 minutos ou até que a massa fique dourada.

TEMPO DE PREPARO: 40 min.

RENDIMENTO: 6 porções.

# Crostata di Fichi
*(CROSTATA DE FIGOS)*

INGREDIENTES DA MASSA *PASTA FROLLA*:

200 g de farinha de trigo
100 g de açúcar
120 g de banha ou manteiga
2 gemas
1 ovo inteiro
2 colheres de sopa de água
raspas de 1 limão
1 pitada de sal

INGREDIENTES DO RECHEIO:

300 g de figos frescos maduros
4 colheres de açúcar
1 cálice de vinho Marsala

INGREDIENTES DA COBERTURA:

4 colheres de geleia de damasco
1 colher de sopa de água quente
1 cálice de vinho Marsala

MODO DE PREPARO:

*Massa:* Misture os ingredientes para fazer a massa, que deve ficar compacta. Faça uma bola e deixe-a descansar, coberta, na geladeira, por 30 minutos.
*Recheio:* Mergulhe os figos sem casca e cortados em quatro no açúcar misturado com o vinho. Deixe marinar por alguns minutos.
Abra a massa e forre com ela uma fôrma untada (inclusive nas laterais) com manteiga. Fure a massa com um garfo e leve ao forno para pré-cozinhar, até ficar dourada. Recheie com os figos marinados, dispondo-os em círculos.
*Cobertura*: Por cima, coloque a geleia de damasco desmanchada em água quente com o vinho Marsala. Leve ao forno por mais 15 minutos.

TEMPO DE PREPARO: 40 min.

RENDIMENTO: Serve 8 pessoas.

# Cuddura ccu l'Ova
(ROSCA COM OVOS)

INGREDIENTES:

200 g de farinha de trigo
100 g de açúcar
120 g de manteiga
2 gemas
5 ovos
casca de 2 limões ou de 1 laranja
1 pitada de sal

MODO DE PREPARO:

Misture todos os ingredientes, menos os ovos, e por último acrescente 1 ovo. Forme uma bola e deixe-a descansar por 30 minutos.
Cozinhe 4 ovos com papel colorido. Descasque-os.
Faça da massa uma rosca com um buraco no meio. Faça buracos na massa e enfie neles os ovos cozidos, de forma que fiquem metade para dentro e metade para fora, de pé. Leve ao forno para assar.

CURIOSIDADE: Essa rosca é feita na Semana Santa, e oferecida para as crianças no Sábado de Aleluia.

TEMPO DE PREPARO: 40 min.

RENDIMENTO: Serve 4 pessoas (cada porção deve ser servida com um ovo).

# Cuddura da Nonna
(BOLO DA VOVÓ)

INGREDIENTES:

600 g de farinha de trigo
250 g de açúcar
80 g de manteiga
4 ovos
1 colher de sopa de fermento em pó

MODO DE PREPARO:

Coloque a farinha de trigo sobre a mesa. Faça um buraco no meio e coloque dentro o açúcar, a manteiga derretida, os ovos e o fermento. Amasse tudo muito bem. Forme uma bola e deixe descansar por 30 minutos, coberto com um pano.
Unte uma fôrma redonda (com buraco ao centro) com manteiga e polvilhe com um pouco de farinha. Despeje a massa e leve ao forno preaquecido por 30 minutos.

DICA: Perfure o bolo com um palito de dentes. Se o palito sair seco, é sinal de que está pronto. Polvilhe açúcar por cima com a ajuda de uma pequena peneira ou coador de chá.

TOQUE PESSOAL: Eu costumo acrescentar casca ralada de duas laranjas.

TEMPO DE PREPARO: 60 min.

RENDIMENTO: Serve 8 pessoas.

# Cutugnata
(MARMELADA SICILIANA)

INGREDIENTES:

1 kg de marmelo
suco de 1 limão
1,2 kg de açúcar

MODO DE PREPARO:

Corte o marmelo em pedaços, tirando as sementes e a casca. Coloque-os em uma panela, acrescentando um litro de água com o suco de limão diluído. Cozinhe em fogo bem baixo.
Depois de pronto, passe na peneira, junte o açúcar e leve ao fogo por mais 10 minutos, mexendo bem até desgrudar da panela. Desenforme num prato para esfriar antes de servir.

> TOQUE PESSOAL: Minha mãe colocava a marmelada em fôrmas de cerâmica baixinhas (são famosas as de Caltagirone). Deixava secar ao sol, desenformava e guardava dentro de uma lata, para comermos no inverno como sobremesa.

TEMPO DE PREPARO: 60 min.

RENDIMENTO: 8 a 10 porções.

# Gelu di Muluni Russu
(PUDIM DE MELANCIA)

INGREDIENTES:

1 melancia grande (aproximadamente 5 kg)
90 g de amido de milho para cada litro de suco de melancia
150 g de açúcar para cada litro de suco de melancia
6 gotas de baunilha
200 g de chocolate para cobertura
100 g de fruta cristalizada ou uvas-passas

MODO DE PREPARO:

Corte a melancia em fatias, tirando a casca e as sementes. Passe a polpa na peneira e meça a quantidade de suco obtida em litros. Tire uma média para as quantidades de amido e de açúcar. (Caso a melancia esteja bem doce, diminua a quantidade de açúcar da receita.)
Em uma panela, dissolva o amido e o açúcar no suco da melancia frio. Cozinhe em fogo baixo, mexendo bem, até obter consistência de creme. Assim que ferver, retire do fogo, acrescentando a baunilha.
Em uma sopeira ou em taças individuais, coloque o chocolate derretido e as frutas cristalizadas (ou as uvas-passas) cortadas em pedaços. Despeje o creme quente de melancia por cima. Deixe na geladeira por um dia. Desenforme e sirva com calda de chocolate.

DICA: Pode-se bater a melancia descascada no liquidificador, coar e depois misturar o amido de milho e o açúcar, de acordo com a quantidade de litros de suco obtida.

TEMPO DE PREPARO: 30 min.

RENDIMENTO: 12 a 20 porções.

# I Cenci della Nonna
(DELÍCIAS DA VOVÓ)

INGREDIENTES:

2 ovos
200 g de farinha de trigo
50 g de manteiga
1 colher de fermento em pó
1 pitada de sal
2 colheres de vinho Marsala
1 xícara de óleo de girassol
50 g de açúcar
mel ou geleia para servir

MODO DE PREPARO:

Bata as claras em neve e reserve.
Misture a farinha, as gemas, a manteiga em pedacinhos, o fermento, a pitada de sal e o vinho. Junte por último as claras batidas em neve. Misture tudo, formando uma bola, embrulhe-a em papel-alumínio e deixe-a na geladeira por 30 minutos aproximadamente.
Abra a massa com a máquina de fazer macarrão e corte tiras finas com a carretilha. Frite em óleo quente e retire quando estiverem douradinhas. Escorra-as sobre papel absorvente.
Sirva com açúcar polvilhado e uma colherada de geleia ou mel.

TEMPO DE PREPARO: 40 min.

RENDIMENTO: Serve 6 pessoas.

# Macedonia di Frutta ccu Vinu Marsala
(SALADA DE FRUTAS AO VINHO MARSALA)

INGREDIENTES:

2 peras
3 pêssegos
2 laranjas
suco de 1 limão
4 fatias de abacaxi
½ melão
500 g de morangos
350 g de açúcar
1 cálice de conhaque
2 copos de vinho Marsala doce

MODO DE PREPARO:

Descasque as peras, os pêssegos e as laranjas e corte-os em cubos. Regue com o suco de limão. Corte as fatias de abacaxi e o melão em cubos. Misture o morango e polvilhe com açúcar. Regue com o conhaque e o vinho.
Sirva bem gelado.

TEMPO DE PREPARO: 20 min.

RENDIMENTO: Serve 8 pessoas.

# Mannarini Chini Gilati

(TANGERINAS RECHEADAS GELADAS)

INGREDIENTES:

4 tangerinas médias
2 copos de suco de tangerinas
2 colheres de sopa de amido de milho
açúcar a gosto

MODO DE PREPARO:

Retire a parte superior das tangerinas e reserve (como uma tampa). Com cuidado, retire a polpa das frutas sem quebrar ou furar a casca. Bata a polpa e acrescente dois copos de suco de tangerinas, o amido de milho e o açúcar. Leve tudo ao fogo baixo e mexa até ficar com consistência de creme. Deixe esfriar.
Depois, encha as frutas com o creme. Cubra com as tampas reservadas. Leve ao *freezer* até gelar bem. Retire momentos antes de servir.

TEMPO DE PREPARO: 30 min.

RENDIMENTO: Serve 4 pessoas.

# Minni di Virgini
(SEIOS DE VIRGEM)

INGREDIENTES DA MASSA:

400 g de farinha de trigo
150 g de açúcar
150 g de banha
1 ovo
um pouco de leite

clara batida, gema, água e açúcar para acabamento

INGREDIENTES DO RECHEIO:

*Crema di baunidda* (ver receita na p. 164)
50 g de chocolate em pedaços
30 g de frutas cristalizadas cortadas em pedacinhos

MODO DE PREPARO:

*Massa:* Misture a farinha de trigo, o ovo, o açúcar e a banha, com as mãos, e acrescente leite até a massa ficar macia e lisa. Deixe descansar por algumas horas.

*Recheio:* Acrescente ao creme de baunilha os pedaços de chocolate e frutas cristalizadas.

Abra a massa até ficar bem fina e recorte círculos de 5 cm de diâmetro, com o cortador de massa. Coloque as rodelas em uma fôrma retangular untada com manteiga e farinha polvilhada. Coloque no centro de cada rodela um pouco de recheio, formando montinhos. Cubra com outro círculo de massa, mas antes passe clara batida nas bordas, apertando bem as laterais com um garfo. Pincele com gema misturada com água e leve ao forno preaquecido até ficarem dourados e sequinhos.

Polvilhe com açúcar antes de servir. O docinho deve ficar com formato de um seio com o bico para cima.

> CURIOSIDADE: Essa receita é das freiras do Convento delle Vergine di Palermo.
>
> Em Catânia, no Dia de Santa Ágata, esses docinhos são cobertos com açúcar, e uma cereja é colocada bem no meio, como se fosse o bico de um seio.

TEMPO DE PREPARO: 40 min.

RENDIMENTO: 20 a 25 biscoitos.

# Miringhi o Scumii ccu Zabaiuni
(MERENGUES COM CREME *ZABAIONE*)

INGREDIENTES:

6 claras
12 colheres de sopa de açúcar
1 colher de chá de baunilha
casca de 1 limão
1 $\ell$ de leite
*Zabaione* (ver receita na p. 195)

MODO DE PREPARO:

Bata as claras com o açúcar, a baunilha e a casca do limão. Esquente o leite. Coloque colheradas de claras, pouco a pouco, dentro do leite quente, sem mexer, de forma que elas cozinhem. Quando as claras estiverem firmes, retire-as com uma escumadeira e reserve em uma taça grande ou em porções individuais.
Prepare o *zabaione* e coloque aos poucos sobre as claras. Leve à geladeira antes de servir. Se for servir em porções individuais, coloque 2 ou 3 merengues em cada taça e cubra com o *zabaione*.

TEMPO DE PREPARO: 20 min.

RENDIMENTO: Serve 12 pessoas.

# Munti Iancu
(MONTE BRANCO)

INGREDIENTES:

800 g de marrom-glacê
250 g de açúcar
1 ℓ de creme de leite fresco
50 g de açúcar de confeiteiro
1 envelope de baunilha

MODO DE PREPARO:

Passe os marrons-glacês em uma peneira (reserve alguns para enfeitar). Ajeite o purê em forma de monte, em um prato. Bata o creme de leite fresco com o açúcar e a baunilha. Depois, cubra todo o monte como se fosse neve. Guarneça com os marrons-glacês inteiros e polvilhe com o açúcar.

> DICA: Se quiser, faça o marrom-glacê: bata castanhas no liquidificador ou passe pelo espremedor de batatas.

TEMPO DE PREPARO: 15 min.

RENDIMENTO: Serve 12 pessoas.

# Muntagna di Profitteroli 'cca Cicculatti
(MONTANHA DE *BIGNÈ* AO CHOCOLATE)

INGREDIENTES DA MASSA:

2 copos de água
80 g de manteiga
10 g de açúcar
1 pitada de sal
100 g de farinha de trigo
4 ovos
1 clara batida em neve

INGREDIENTES DO RECHEIO:

1 copo de leite quente
40 g de chocolate para cobertura
2 colheres de sopa de açúcar
1 colher de sopa de farinha de trigo
2 gemas batidas
½ litro de creme de leite batido como chantili (com 1 colher de sopa de açúcar)

MODO DE PREPARO:

*Massa:* Em uma panela, ferva a água, a manteiga, o açúcar e a pitada de sal. Quando atingir fervura, retire a panela do fogo e acrescente de uma só vez a farinha de trigo. Misture bem com uma colher de pau. Leve de novo ao fogo e trabalhe a mistura até desgrudar da panela. Tire do fogo novamente e acrescente os ovos (um por vez), batendo com força. A massa deve atingir consistência lisa, como um creme. Retire do fogo e coloque montinhos de massa sobre uma fôrma untada com manteiga, bata uma clara em neve e derrame por cima dos montinhos, para ficarem dourados. Leve ao forno médio por 15 minutos. Deixe esfriar: os profiteroles devem ficar sequinhos por dentro para não murcharem. Assim que esfriarem, recheie um a um.
*Recheio:* Derreta o chocolate, o açúcar e a farinha de trigo no leite quente. Cozinhe por alguns minutos. Retire a panela do fogo e acrescente as gemas batidas. Misture bem. Deixe o creme amornar.
Em um prato para bolo, coloque uma camada de chantili. Disponha os profiteroles uns sobre os outros, em forma de pirâmide, usando o

chantili para grudar um ao outro. Depois de pronta a pirâmide, despeje por cima o creme de chocolate, deixando que ele caia dos lados.
Se quiser, corte os profiteroles ao meio e recheie-os com o creme chantili.

> TOQUE PESSOAL: Eu faço essa pirâmide com suspirinhos, com chantili (para os suspiros grudarem uns nos outros) e com chocolate derretido por cima.

TEMPO DE PREPARO: 60 min.

RENDIMENTO: Serve 12 pessoas.

# Mustarda
(MOSTARDA DE SUCO DE UVA)

INGREDIENTES:

200 g de amêndoas
500 ml de mosto de uva
1 pedaço de canela em pau
125 g de açúcar
2 colheres de sopa de amido de milho
forminhas de terracota ou cerâmicas baixinhas

MODO DE PREPARO:

Afervente as amêndoas, retire a casca e torre-as em uma frigideira antiaderente. Depois, corte-as em pedaços.
Em uma panela, coloque para ferver o mosto de uva com a canela e o açúcar.
Adicione o amido de milho já desmanchado em um pouco de água fria. Leve ao fogo até engrossar. Antes de retirar do fogo, adicione as amêndoas e retire o pedaço de canela. Coloque tudo em forminhas de terracota e deixe secar ao sol.

TEMPO DE PREPARO: 20 min.

RENDIMENTO: Serve 4 pessoas.

# Pan di Spagna
(PÃO DE LÓ)

INGREDIENTES:

6 ovos
3 xícaras de açúcar peneirado
3 xícaras de farinha de trigo
1 ½ colher de sopa de fermento em pó
2 copos de leite fervente
1 colher de sopa de manteiga

MODO DE PREPARO:

Bata as claras em neve. Sempre batendo, junte aos poucos as gemas, o açúcar, a farinha, o fermento e por último o leite com a manteiga derretida dentro.
Unte uma fôrma redonda e alta (ou uma fôrma retangular) com manteiga e polvilhe um pouco de farinha. Despeje a massa na fôrma e leve ao forno por 40 minutos.

> DICA: O pão de ló serve de base para o *Zuccottu i Gilatu* (ver receita na p. 196).

TEMPO DE PREPARO: 20 min.

RENDIMENTO: Serve 6 pessoas.

# Panuzzi Duci
(PEQUENOS PÃES DOCES)

INGREDIENTES:

30 g de fermento de pão (biológico)
uma pitada de açafrão
½ xícara de água morna
500 g de farinha de trigo
100 g de açúcar
80 g de manteiga derretida
4 ovos
uma pitada de sal
um pouco de leite

MODO DE PREPARO:

Em uma terrina, misture o fermento e o açafrão com um pouco de água morna. Acrescente 150 g de farinha. Amasse. Faça uma bola e deixe-a crescer por várias horas.
No mármore, despeje o restante da farinha. Faça um buraco no meio. Coloque o açúcar e a manteiga derretida, os ovos, a pitada de sal e a bola de massa já crescida. Amasse tudo com um pouco de leite, até a massa ficar lisa e bem ligada. Deixe crescer outra vez por 3 ou 4 horas. Trabalhe a massa e forme bolinhas. Coloque-as em uma assadeira oval untada com manteiga. Deixe crescer novamente até ficarem com o dobro do volume. Leve ao forno preaquecido por 15 minutos. Retire do forno quando as bolinhas estiverem douradas. Se quiser, polvilhe uma a uma com açúcar passado na peneira.

> DICA: Para que elas se tornem brioches, coloque uma pequena bolinha achatada por cima de cada bola, como se fosse um chapeuzinho. Deixe crescer e leve ao forno.

TEMPO DE PREPARO: 40 min.

RENDIMENTO: 20 a 30 pãezinhos.

# Pasta Riali
(PASTA REAL OU MARZIPÃ)

INGREDIENTES:

125 ml de água
500 g de açúcar
500 g de farinha de amêndoas
algumas gotas de essência de baunilha

MODO DE PREPARO:

Em uma panela, coloque a água e o açúcar. Misture com uma colher de pau. Deixe ferver. Quando o açúcar formar fios, retire do fogo, acrescentando a farinha de amêndoas e as gotas de baunilha. Continue mexendo para não empelotar.
Molhe uma superfície de mármore e despeje a mistura. Assim que esfriar, trabalhe a massa por bastante tempo até ficar lisa e compacta.

> DICA: Outras receitas colocam água aromatizada com canela em pau. Pode-se encontrar a farinha de amêndoas em lojas de produtos importados.

TEMPO DE PREPARO: 40 min.

RENDIMENTO: Cobre uma cassata de 20 cm de diâmetro.

# Pignulata Missinisa
(DOCE DE CARNAVAL MESSINENSE)

INGREDIENTES:

1 kg de farinha de trigo
12 gemas de ovo
2 colheres de sopa de banha
600 g de açúcar
300 g de chocolate em pó
½ xícara de creme de leite fresco

MODO DE PREPARO:

Coloque a farinha numa pedra de mármore e abra um buraco ao centro, juntando as gemas e a banha. Amasse bem até adquirir consistência. Forme, com a massa, pequenos bastões do formato de um dedo, cortando-os depois no comprimento de 2 cm cada. Frite tudo em banha até dourar. Escorra em papel absorvente.

Em um prato, coloque os bastões um a um, até formar um monte. Em uma panela, derreta, em fogo brando, o açúcar com o chocolate em pó e o creme de leite fresco. Deixe esfriar um pouco e derrame sobre o monte.

DICA: Pode-se fazer a massa do mesmo modo que o nhoque: fazem-se os bastões de massa, cortando-os do mesmo tamanho dos nhoques, e então fritando-os em banha quente.

CURIOSIDADE: Esse é o mais famoso doce de Messina. As doceiras o vendem o ano inteiro, dentro de uma bandejinha de cartolina.

TEMPO DE PREPARO: 20 min.

RENDIMENTO: Serve 6 pessoas.

# Pipareddi
(BISCOITOS FATIADOS)

INGREDIENTES:

500 g de farinha de trigo
200 g de açúcar
1 colher de café de canela em pó
½ colher de sopa de fermento em pó
1 pitada de pimenta-do-reino
2 colheres de sopa de cacau em pó
½ copo de leite
50 g de amêndoas inteiras

MODO DE PREPARO:

Misture a farinha, o açúcar, a canela, o fermento, a pimenta e o cacau. Acrescente o leite e as amêndoas. Trabalhe a massa até ficar dura, mas lisa. Deixe-a descansar por 2 horas.

Divida a massa em 4 pedaços. Faça pães tipo minibaguetes. Em uma assadeira untada com manteiga e polvilhada com farinha, distribua os pãezinhos um ao lado do outro. Leve ao forno brando até secarem e dourarem. Depois de prontos, tire do forno e deixe esfriar. Depois, corte-os em fatias atravessadas (tipo baguetes). Leve ao forno outra vez para dourar mais.

DICA: Prepare a massa um dia antes. Deixe na geladeira, e no dia seguinte asse os pães e depois as fatias.

CURIOSIDADE: Na Toscana, esses biscoitos são conhecidos como *cantuccini*.

TEMPO DE PREPARO: 40 min.

RENDIMENTO: Serve de 8 a 12 pessoas.

# Risu Niuru
(ARROZ COM CHOCOLATE)

INGREDIENTES:

500 g de arroz
1 ½ litro de leite quente
1 fava de baunilha
200 g de chocolate meio amargo
½ copo de café forte
400 g de açúcar
2 colheres de sopa de amêndoas sem pele, levemente tostadas
1 colher de sopa de canela em pó
1 pitada de sal

MODO DE PREPARO:

Cozinhe o arroz em pouca água, salgada, por 6 minutos. Escorra. Esquente o leite numa panela com a fava de baunilha. Junte o arroz cozido a essa mistura e cozinhe por aproximadamente 10 minutos, até todo o leite ser absorvido. Enquanto isso, derreta o chocolate em banho-maria, reservando algumas raspas para enfeitar.
Misture dentro da panela do arroz o café, o açúcar, o chocolate derretido e as amêndoas. Retire a fava e coloque o arroz dentro de uma taça. Polvilhe a canela em pó e as raspas de chocolate reservadas. Enfeite com amêndoas cortadas ao meio.

> TOQUE PESSOAL: Eu coloco o arroz em uma fôrma côncava (*zuccotto*) molhada, apertando bem. Desenformo em um prato de bolo, polvilho canela em pó e enfeito com amêndoas cortadas ao meio.

TEMPO DE PREPARO: 30 min.

RENDIMENTO: Serve 12 pessoas.

# Schiacciata 'i Ficu
(TORTA DE FIGO)

INGREDIENTES DA MASSA:

250 g de farinha de trigo
150 g de manteiga
100 g de açúcar
raspas de 1 limão
2 gemas
1 pitada de sal

farinha de trigo e manteiga para untar

INGREDIENTES DO RECHEIO:

500 g de figo maduro
50 g de açúcar
1 pitada de canela em pó
pedacinhos de manteiga

1 gema para pincelar

MODO DE PREPARO:

*Massa:* Misture em uma terrina a farinha de trigo, a manteiga, o açúcar, as raspas de limão, as gemas e a pitada de sal. Trabalhe a massa e deixe-a descansar por 1 hora.
Abra a massa com o rolo de macarrão e forre o fundo e as laterais de uma fôrma redonda, untada com manteiga e polvilhada com farinha de trigo.
*Recheio:* Corte os figos ao meio, passe por cima o açúcar e a canela. Disponha em círculos sobre a massa. No centro, coloque pedacinhos de manteiga.
Com a massa que sobrou, faça tiras que serão colocadas sobre os pedaços de figos. Pincele com a gema de ovo e leve ao forno.

TOQUE PESSOAL: Eu gosto de borrifar os figos com meio cálice de vinho Marsala.

TEMPO DE PREPARO: 30 min (descontando-se o tempo de descanso da massa).

RENDIMENTO: Serve 6 pessoas.

# Scuma 'ccu meli
(CABELOS-DE-ANJO COM MEL)

INGREDIENTES:

250 g de macarrão tipo cabelos-de-anjo
1 xícara de banha
½ copo de mel
1 pitada de canela em pó
1 pitada de sal

MODO DE PREPARO:

Cozinhe o macarrão *al dente* em água e uma pitada de sal. Escorra. Com ajuda de um garfo, forme ninhos e, aos poucos, frite em banha quente. Retire quando o macarrão estiver dourado e crocante. Escorra os ninhos sobre papel absorvente. Coloque-os em um prato e, com uma colher, despeje o mel. Polvilhe com canela em pó.

TEMPO DE PREPARO: 30 min.

RENDIMENTO: Serve 4 pessoas.

# Sfinci di San Giuseppe
(BOLINHOS DE SÃO JOSÉ)

INGREDIENTES DA MASSA:

500 ml de água
100 g de manteiga
300 g de farinha de trigo
uma pitada de sal
6 ovos
1 xícara de óleo de girassol

INGREDIENTES DO RECHEIO:

300 g de ricota fresca
200 g de açúcar
100 g de chocolate para cobertura cortado em pedaços
cascas de laranja cristalizada para enfeitar

MODO DE PREPARO:

*Massa:* Em uma panela, coloque a água e a manteiga. Assim que pegar fervura e a manteiga derreter, junte de uma vez a farinha de trigo e a pitada de sal. Misture bem e leve novamente ao fogo até que a massa desgrude dos lados da panela (cerca de 10 minutos). Deixe esfriar. Depois, trabalhe a massa, juntando as gemas, uma a uma. Acrescente as claras em neve. Com uma colher, pegue uma boa porção da massa e frite em óleo quente. Deixe dourar e seque em papel absorvente.
*Recheio:* Passe a ricota na peneira com açúcar. Junte os pedacinhos de chocolate e misture. Quando os bolinhos estiverem fritos e frios, coloque um pouco desse recheio por cima e enfeite com tiras de cascas de laranjas cristalizadas.

TEMPO DE PREPARO: 30 min.

RENDIMENTO: Serve de 6 a 8 pessoas.

# Taralli
(BISCOITOS EM FORMA DE "S")

INGREDIENTES DA MASSA:

800 g de farinha de trigo
10 ovos
10 colheres de sopa de açúcar
1 cálice de anis
água morna (o suficiente para que a massa fique lisa e macia)

INGREDIENTES DO GLACÊ:

300 g de açúcar
4 colheres de sopa de água fria

MODO DE PREPARO:

*Massa:* Misture a farinha de trigo com os ovos, o açúcar, o anis e a água morna, até adquirir consistência macia. Forme um cordão e depois corte-o em pedaços e molde-os em forma de "s". Deixe descansar por 20 minutos.
Em uma panela, ferva bastante água com um pouco de sal. Em seguida, mergulhe os biscoitos. Assim que boiarem, retire com escumadeira um a um, colocando-os em uma assadeira. Leve ao forno por 45 minutos.
*Glacê:* Dissolva o açúcar nas colheres de água fria. Depois de bem dissolvido, despeje por cima dos biscoitos e leve-os ao forno para que o glacê seque.

TEMPO DE PREPARO: 60 min.

RENDIMENTO: Serve 8 pessoas.

# Testa i Turcu
(CABEÇA DE TURCO)

INGREDIENTES DA MASSA:

250 g de farinha de trigo
1 pitada de sal
1 colher de açúcar
1 colher de chocolate em pó
1 ovo
gotas de baunilha
1 copo de conhaque ou *grappa*
1 xícara de óleo de girassol

INGREDIENTES DO CREME DE BAUNILHA:

1 ℓ de leite
1 fava de baunilha
4 ovos
200 g de açúcar
raspas de 1 limão
100 g de amido de milho
100 g de chocolate em barra
1 colher de sopa de canela em pó
amêndoas cortadas ao meio para enfeitar

MODO DE PREPARO:

*Massa:* Misture a farinha, a pitada de sal, o açúcar, o chocolate, a baunilha e o ovo e coloque aos poucos o conhaque (ou a *grappa*). Trabalhe a massa até ficar lisa e seca. Deixe-a descansar por algumas horas. Depois, abra a massa sobre o mármore com a ajuda de um rolo de macarrão (ou máquina caseira de fazer macarrão). Corte a massa em tiras de 2 cm de largura por 7 cm de comprimento com o auxílio de uma carretilha. Frite em óleo quente. Escorra em papel absorvente.
*Creme:* Esquente a maior parte do leite com a fava de baunilha. Reserve. Bata as gemas com o açúcar e as raspas de limão. Desmanche o amido de milho em um pouco de leite frio. Derreta o chocolate em banho-maria. Despeje as gemas batidas, o amido de milho e o chocolate no leite quente, mexendo bem para não empelotar. Quando atingir consistência de creme, retire do fogo e deixe esfriar. Bata as claras em neve e junte ao creme quando esfriar.

Não se esqueça de retirar a fava da baunilha, que poderá ser lavada e secada para ser usada outra vez.

*Modo de montar:* Em um prato grande e fundo, coloque uma boa colherada de creme frio. Por cima, disponha as tiras de massa, formando uma cúpula (cabeça). Decore com amêndoas e polvilhe com canela em pó.

> DICA: Faça a massa um dia antes. Deixe-a descansar a noite inteira e, no dia seguinte, continue a fazer a receita.

TEMPO DE PREPARO: 40 min.

RENDIMENTO: Serve 12 pessoas.

# Torta di Carote e Cicculatti
(TORTA DE CENOURA E CHOCOLATE)

INGREDIENTES:

100 g de açúcar
120 g de manteiga em temperatura ambiente
4 ovos inteiros
4 ou 5 cenouras raladas
100 g de amêndoas trituradas
100 g de farinha de trigo
1 colher de café (cheia) de fermento em pó
2 colheres de semolina
100 g de chocolate em barra ralado
açúcar de confeiteiro para enfeitar

MODO DE PREPARO:

Esquente o forno a 180 °C.
Bata na batedeira o açúcar com a manteiga até ficar espumoso. Acrescente os ovos, um por vez. Depois junte as cenouras e as amêndoas. Coloque a farinha de trigo e o fermento juntos, passando-os por uma peneira. Por fim, coloque a semolina e o chocolate ralado.
Ponha em uma forma untada com manteiga e asse por 45 minutos. Retire do forno, cubra de açúcar e deixe esfriar bem.

DICA: Essa torta fica melhor se feita um dia antes.

TEMPO DE PREPARO: 30 min.

RENDIMENTO: Serve de 8 a 10 pessoas.

# Torta di Ricotta
(TORTA DE RICOTA)

INGREDIENTES DA MASSA:

500 g de farinha de trigo
2 ovos inteiros
2 gemas
100 g de açúcar
200 g de manteiga derretida
1 colher de café de baunilha
1 colher de sopa de raspas de limão
½ cálice de vinho Marsala
1 pitada de sal
açúcar para polvilhar

INGREDIENTES DO RECHEIO:

800 g de ricota fresca
500 g de açúcar
150 g de chocolate derretido para cobertura
100 g de uvas-passas (ou frutas cristalizadas)

MODO DE PREPARO:

*Massa:* Amasse a farinha de trigo com os ovos e as gemas, o açúcar, a manteiga derretida, a baunilha, as raspas de limão, o vinho Marsala e a pitada de sal. Forme uma bola. Deixe descansar por 30 minutos.
*Recheio:* Passe a ricota e o açúcar por uma peneira. Acrescente o chocolate derretido e as uvas-passas (ou frutas cristalizadas).
Divida a massa em duas partes. Unte uma assadeira redonda com manteiga e polvilhe com farinha. Com uma parte da massa, forre o fundo e as laterais. Recheie com o creme de ricota, cobrindo tudo com a segunda parte da massa. Para decorar, corte com uma carretilha os retalhos de massa restante, dispondo-os em forma entrelaçada sobre a torta, ou fazendo desenhos de flores e laços. Leve ao forno médio por 30 minutos. Quando esfriar, polvilhe açúcar por cima.

TOQUE PESSOAL: Eu costumo pincelar uma gema batida com óleo ou água por cima da torta.

TEMPO DE PREPARO: 40 min.

RENDIMENTO: Serve 10 pessoas.

# Turruni di Scorci d'Aranci
(TORRONE DE CASCA DE LARANJA)

INGREDIENTES:

1 kg de cascas de laranja
1 kg de açúcar, aproximadamente
200 g de amêndoas sem casca e moídas

MODO DE PREPARO:

Deixe as cascas das laranjas de molho em água por 3 dias, trocando a água com frequência. Corte-as em tiras e depois pese. A quantidade de açúcar deverá corresponder ao peso das cascas.
Em uma panela, coloque o açúcar, as cascas das laranjas e as amêndoas moídas. Cozinhe em fogo baixo por 30 minutos, mexendo sempre. Despeje em uma pedra de mármore e deixe esfriar. Corte em quadradinhos e embrulhe-os em papel-manteiga.

TEMPO DE PREPARO: 40 min.

RENDIMENTO: 12 a 20 torrones.

# Zabaiuni
(CREME DE VINHO MARSALA)

INGREDIENTES:

4 gemas
4 colheres de sopa de açúcar peneirado
6 colheres de sopa de vinho Marsala

MODO DE PREPARO:

Bata com a batedeira as gemas e o açúcar até formar um creme esbranquiçado e espumoso. Coloque em uma panela pequena.
Junte as colheres do vinho, uma por vez, e leve a panela ao fogo sobre outra que esteja com água fervente até a metade. Continue batendo até que os ovos estejam com o dobro do volume.

> DICA: Pode-se comer quente com bolachinhas ou gelado, enfeitado com chantili ou como recheio de bolo.

TEMPO DE PREPARO: 15 min.

RENDIMENTO: Serve 4 pessoas.

# Zuccottu i Gilatu
(BOLO GELADO)

INGREDIENTES:

300 g de *Pan di Spagna* (pão de ló: ver receita na p. 180)
1 copo de rum
500 ml de sorvete de baunilha
500 ml de sorvete de pistache
500 ml de creme de leite fresco batido em forma de chantili
2 colheres de frutas cristalizadas
2 colheres de raspas de chocolate

MODO DE PREPARO:

Forre uma fôrma côncava com papel untado em óleo. Coloque uma camada de pão de ló cortado em tiras finas e embebidas no rum. Faça uma segunda camada com sorvete de baunilha, outra camada com o pão de ló e por cima outra camada de sorvete de pistache. Em seguida, faça mais uma camada de pão de ló e, por cima, coloque o chantili, acrescentando as frutas cristalizadas e as raspas de chocolate. Termine com mais uma camada de pão de ló. Aperte bem. Leve ao *freezer* por 5 horas. Sirva decorado com mais frutas cristalizadas e chantili.

DICA: Prepare o pão de ló um dia antes de servir. Pode-se substituir o pão de ló por bolacha *champagne*, e também o sabor do sorvete, usando sempre cores contrastantes.

TEMPO DE PREPARO: 20 min.

RENDIMENTO: Serve 12 pessoas.

# Carta de vinhos sicilianos

*J. A. Dias Lopes*[*]

Uma das peculiaridades da Sicília é ser a região italiana dos contrastes. Colonizada pelos fenícios, romanos, árabes, normandos e espanhóis, há milênios sua população se encontra polarizada. Os sicilianos se dividem em santos e pecadores, pragmáticos e utopistas – e aí por diante. Os sentimentos delimitam pessoas e territórios. É um povo cujo caráter desconhece o meio-termo. Talvez por isso a Sicília e sua gente despertem tantas paixões forasteiras. Afinal, não têm paralelos no mundo. Com os vinhos acontece o mesmo. São bons ou ruins. No primeiro exame visual ou olfativo, na prova inicial já mostram a que categoria pertencem.

O mais famoso vinho da Sicília se chama Marsala. Deriva das uvas *grillo*, *cataratto* e *ansonica*, entre outras. É feito com adição de álcool vínico, no início da elaboração. A fermentação se interrompe, estabilizando o açúcar natural da uva. O resultado é um produto alcoólico e doce, apresentado em diversas variantes. Mesmo o *dry* ou seco, destinado ao aperitivo, acusa cerca de 40 gramas de açúcar por litro. Os tipos doces, para depois da refeição, fazem jus ao nome.

---

[*] J. A. Dias Lopes é diretor de redação da revista *Gula* e colunista gastronômico do jornal *O Estado de S. Paulo*.

Às vezes ultrapassam os 100 gramas de açúcar por litro. O Marsala se assemelha ao Porto e ao Madeira. Aliás, surgiu justamente para concorrer com os dois ícones portugueses, no cobiçado mercado inglês. Foi o comerciante britânico John Woodhouse quem lançou a ideia de fortificar o vinho de mesa siciliano, elaborado em Marsala e outras comunidades da província de Trapani, a partir do fim do século XVIII. A bebida conquistou apreciadores ilustres.

Diz a lenda que, na convalescença, depois de perder um olho no cerco de Calvi, na Córsega, o almirante inglês Nelson entornou vários copos desse vinho. O patriota italiano Giuseppe Garibaldi o descobriu quando invadiu e recuperou a Sicília para o seu país. Tornou-se um de seus mais fervorosos adeptos. Por muito tempo, em boa parte da Europa, o Marsala foi o vinho dos salões elegantes e da Igreja Católica, participando da liturgia da missa. O clero canadense seguiu o exemplo. Chegou a manter um emissário na Sicília só para fiscalizar a sua quota. Aportando no Canadá, o vinho se convertia solenemente no sangue de Cristo. Outro destino tradicional do Marsala é a cozinha. Entra em antológicas receitas italianas, sejam pratos salgados ou sobremesas, como *Scaloppine al Marsala* e *Zabaione*. Assim, não é por acaso que falamos dele mais longamente neste texto.

Habituais parceiros da genial arte confeiteira da Sicília, os vinhos doces são o seu forte. Além do Marsala, existem o Moscato di Pantelleria, Malvasia di Lipari, Moscato di Siracusa, Moscato di Noto, Comiso, Passolato, Sherry di Casteldaccia e Zucco. Mas a região também demonstra vocação para vinhos secos de mesa. A ensolarada e luminosa natureza siciliana gera uvas ricas e sadias, que amadurecem plenamente, originando brancos e tintos alcoólicos e encorpados. No passado, eram importados em barris por outras regiões italianas. Serviam para reforçar vinhos anêmicos, destituídos de personalidade. Hoje, isso não acontece.

O mercado internacional já conhece o Corvo, o Regaleali, o Etna, o Alcamo, bandeiras dessa vertente enológica. Os brancos sempre encantaram mais. Aos poucos, porém, os consumidores internacionais se entusiasmam com um fenômeno promissor. Multiplicam-se na região os vinhos de qualidade elevada, brancos e tintos, elaborados com uvas internacionais, sobretudo a partir das castas francesas Cardonnay e Cabernet Sauvignon. Ao mesmo tempo, surgem excelentes marcas à base da uva autóctone *nero d'avola* (tinta). É tão rápido o progresso que, segundo alguns especialistas, a velha Sicília está se transformando em nova fronteira do vinho do mundo.

# Sicília revisitada: uma viagem cultural e gastronômica

*Marcia Camargos**

Confluência de civilizações, etnias, línguas, saberes e sabores, a Sicília tem na agricultura a fonte maior de sua riqueza. Do solo, cercado de mares abundantes em peixes e moluscos, extrai as matérias-primas que tornaram sua cozinha mundialmente conhecida. Trigo, azeite de oliva, pescados e frutas frescas são alguns dos produtos típicos que fazem as delícias da sua mesa farta, sempre regada a um bom vinho.

Maior ilha do Mediterrâneo, com mais de 25 mil quilômetros de extensão e 5 milhões de habitantes, a Sicília é uma das vinte regiões governamentais da Itália. Imenso planalto no qual se destaca o vulcão Etna, tem origens que remontam aos fenícios e passam pelos gregos, romanos, bizantinos, bárbaros, árabes e normandos. Separada do continente pelo estreito de Messina, é um verdadeiro museu a céu aberto, tantas são suas preciosidades arqueológicas e arquitetônicas. Com um inigualável conjunto de templos e anfiteatros gregos, fortalezas, aquedutos e pontes romanas, mesquitas e

---

* Marcia Mascarenhas Camargos é jornalista e doutora em História Social pela Universidade de São Paulo (USP).

torres sarracenas, igrejas e palácios normandos, ela preserva um pouco de cada cultura que a habitou ao longo dos séculos. A começar pelo nome, derivado de *sicels* ou *sicans*, povos que ocupavam grande parte do seu território, sobretudo a leste do rio Gela, quando chegaram os primeiros helenos. E como tem a forma de um triângulo, era por eles chamada de Trinacria. Na antiga capital, Siracusa, que fazia sombra a Atenas como centro político e artístico, nasceu Arquimedes, um dos seus filhos mais ilustres.

No rastro da sua história sem par, com paisagens e praias paradisíacas, não é de surpreender que a indústria do turismo constitua uma das principais bases de sustentação econômica da Sicília. Em poucos lugares do planeta, como nessa ilha de fábula e encanto, pode-se esquiar em uma encosta vulcânica coberta de neve, perambular por bosques de laranjeiras e mergulhar em águas cristalinas à sombra de ruínas majestosas. As sutilezas etéreas desse reino aparentemente distante revelam-se na delicada Taormina, no impressionante vale dos Templos e na lua manchada de rosa que se insinua por detrás do monte Etna.

Ao mesmo tempo, e fruto desse brilhante contexto cultural, a culinária siciliana traduz a fusão de múltiplas identidades, espelhadas nos pratos que trazem o frescor do Mediterrâneo e o buquê de seus famosos vinhos. Um aviso aos navegantes: para se chegar à Sicília por trem é preciso embarcar no *traghetto*, uma espécie de balsa que, de tão grande, comporta um trem inteiro, além de automóveis e passageiros a pé. A balsa atraca em Messina, de onde o comboio percorre várias cidades da ilha. Como ali não há aeroporto, quem chega de avião desembarca na cidade de Catânia ou então em Reggio Calabria, no continente.

## NO UMBIGO DO MUNDO

Ironicamente, a Sicília aparecia na *Odisseia*, de Homero, como a misteriosa terra que bordejava os confins do mundo. No entanto, ancorada no centro do Mediterrâneo, ao sul da Europa e a 140 quilômetros do norte da África, continente do qual se separou há milhões de anos, sempre representou o ponto de interseção natural de muitas culturas e civilizações. Esse mar, em cujos 1,3 mil quilômetros de litoral, segundo Platão, despontaram povos como rãs afloram no pântano, teve papel crucial no desenho da sua história. Entrar em contato com seu passado ajuda a entender por que ali se encontram uma profusão de pessoas loiras de olhos azuis batizadas como Ruggero (Rogério) ou Gugliemo (Guilherme), nomes masculinos bastante populares naquele extremo sul da Itália. E também como, em determinado período, a ilha abrigou as capitais mais avançadas e esclarecidas da Europa – uma grega, em Siracusa, e outra árabe-normanda, em Palermo.

Fecunda em mitos e lendas, a Sicília já abrigava o homem na remota era paleolítica, 1 milhão de anos atrás. Descobertas na necrópole de Pantalica revelaram mais de 5 mil túmulos da Idade do Bronze (1270 a.C. e 650 a.C.). O historiador ateniense Tucídides dava notícias de uma Sicília antiquíssima, cujas raízes remontavam aos sicanos, população agrícola que vivia na parte oriental e centro-meridional e teria sido empurrada para o interior pelos sículos, guerreiros provenientes da Itália, enquanto os élimos instalavam-se na porção ocidental. Provenientes da atual Turquia, foram identificados por Virgílio na *Eneida* como os companheiros de Enéas que não quiseram segui-lo ao Lácio, escolhendo permanecer na ilha.

Já o também historiador Dionísio de Alicarnasso referia-se a expedições marítimas que do Oriente se dirigiam à península itálica e à Sicília, provavelmente formadas pelos fenícios, que saíram de uma estreita faixa de terra na costa leste do mar Mediterrâneo, hoje parte do Líbano, nas vizinhanças da Babilônia. Povo de língua semítica, fundaram inúmeros pequenos núcleos comerciais nas colinas e ilhas menores ao longo da costa siciliana por volta de 2500 a.C. Não conseguiram, porém, resistir aos gregos, deslocando-se pouco a pouco para outros locais. Mas deixaram importantes colônias que semeavam ao longo de suas rotas marítimas – Solus, Selinunte e Panormus (Palermo). Na parte noroeste, no ponto mais próximo de Cartago, fundaram Motya, onde mais tarde surgiria a inexpugnável fortaleza de Lilibelau (hoje Marsala), centro da potência militar cartaginesa.

O ano 735 a.C. marcou a fundação de Naxos, o primeiro assentamento helênico na Sicília, precioso para o controle da rota comercial no estreito de Messina. Quase simultaneamente, os coríntios lançaram as bases de Siracusa e outros colonos helênicos foram disseminando cidades pela ilha, cada qual com seu próprio governo. Mas o símbolo siciliano era um só e prossegue em uso até os dias de hoje. Redondo, tem no centro a cabeça da Medusa, ser que transformava seus adversários em pedra, figura mitológica cara aos habitantes locais, como indicam as ornamentações dos templos de Selinunte. O rosto é circundado por pernas que representam raios de sol e os três extremos da ilha.

Depois da invasão dos cartagineses liderados por Aníbal, que destruíram Selinunte e Imera, Dionísio I tomou o poder, estabeleceu a paz e circundou Siracusa com 22 quilômetros de muralhas. Dois séculos depois, entre 264 a.C. e 241 a.C., ocorreu a primeira guerra romano-púnica.

Saíram os gregos, entraram os romanos, de cujo império a Sicília tornou-se província em 227 a.C. Sob o domínio dos césares, a ilha, governada por um pretor e dois magistrados, enfrentou mais duas guerras púnicas, batalhas e devastadoras revoltas de escravos. Mas foi visitada por grandes figuras de Roma. Virgílio possuía lá uma mansão; Augusto combateu ali os remanescentes anticesarianos e o imperador Adriano subiu ao topo do Etna, exemplo seguido por Marco Aurélio. Nessa época, o emblema siciliano sofreu ligeira modificação, ganhando algumas espigas para ressaltar a fertilidade daquelas terras pródigas em trigo e consideradas o celeiro de Roma.

Mas de 535 d.C. a 827 d.C. a ilha passaria para as mãos dos bizantinos, que nela instalaram a capital do seu império – que na primeira fase abrangia o sul da Europa, norte da África e Oriente Médio –, devido à pressão muçulmana sobre Constantinopla. A cultura sofreu influência exclusivamente eclesiástica, como a devoção a são Gregório de Agrigento, célebre orador religioso.

Depois da queda de Roma e da instalação de pequenos estados bárbaros, a ilha e o sul da Itália foram gradualmente conquistados pelos árabes. Com sua administração pública reorganizada, a Sicília atravessou um período de esplendor e fausto baseado, entre outras medidas, na justa distribuição das terras, nos incentivos aos pequenos agricultores e na abertura de vasta rede de canais de irrigação.

O testemunho da arquitetura árabe-normanda e a presença de florida tradição literária e de estudos eruditos fazem da Sicília medieval terra culta e imprescindível para a compreensão de toda a história europeia. Ela provou, por dois séculos, a profícua dominação muçulmana, visível nas trezentas mesquitas de uma Palermo com nada menos do que 300 mil habitantes no século XI. A exceção ficava por conta das cercanias de Siracusa. Pois, se a parte ocidental assistia ao perfeito entrosamento entre a população local e os invasores, a área norte-oriental da ilha, firmemente cristã, oferecia dura resistência aos árabes, que não mantinham um reino unitário, mas sim uma série de senhorias locais, regidas pelos *kaids* (chefes guerreiros árabes, os chefes de clã).

Provenientes da Escandinávia, e conhecidos como "homens do norte" ou *vikings*, os normandos desembarcam na Sicília dispostos a dar início à reconquista cristã. Esta, contudo, levaria trinta anos para se completar, não obstante a cultura islâmica tenha prosperado até o século XIII. Vindo da Calábria, Rogério de Hauteville entrou em Palermo em 1072 e ajudou a recristianizar e relatinizar a ilha. Seu descendente, Rogério II, obteve do antipapa Anacleto II em 1130 o título de rei da Sicília. Em sua corte perdurou a cultura árabe, a despeito dos esforços do papa Urbano II para erradicar o islamismo e combater a influência do cristianismo greco-bizantino na ilha. Grande construtor, Rogério teve êxito em amalgamar a arquitetura normanda com os estilos decorativos dos sarracenos e dos bizantinos, e seu reino representou a idade de ouro para as artes em Palermo. Estudiosos dessa época traduziram para o latim, pioneiramente, a *Astronomia*, de Ptolomeu, a *Metereologia*, de Aristóteles, e os *Diálogos*, de Platão. Por ter instituído o primeiro parlamento na Europa, baseado num sistema burocrático de funcionários governamentais e não de vassalos, como ocorria no feudalismo, credita-se a Rogério II, e à Sicília por extensão, o nascimento do Estado moderno.

Sem herdeiros, seu sucessor, Guilherme II, permitiu em 1186 que a tia, filha de Rogério II e herdeira do reino, desposasse Henrique VI, filho de Frederico Barbarossa, sacro imperador romano. Nesse contexto, o poder normando na Sicília passou para as mãos da casa dos Hohenstaufen, família nobre da Germânia. Essa dinastia, que se estabeleceu em 1079 com o casamento do duque da Suábia, Frederico I, com Agnes, filha do imperador do Sacro Império, Henrique IV, teve como membro mais ilustre o imperador Frederico II (1194-1250). Neto do primeiro Barbarossa, conseguiu estabelecer a paz, a ordem e a prosperidade na Sicília, promulgando em 1231 um vasto código legal. Amante das letras, dono de extraordinária cultura linguística, filosófica e científica, fundou a Universidade de Nápoles em 1224. Em sua corte instituiu-se a escola poética siciliana, da qual seus filhos também fariam parte.

Com a morte de Conrad von Hohenstaufen, o último Barbarossa, Charles d'Anjou, irmão de Luís IX da França (são Luís), tomou o controle do reino em 1266, com o apoio papal. Mas só visitou a ilha uma vez em doze anos, de passagem, para se encontrar na África com o irmão empenhado na VIII Cruzada. Esse descaso, aliado à exploração que oprimia o povo siciliano, suscitou um forte sentimento antifrancês, que culminou numa revolta popular desencadeada em

Palermo no ano de 1282 durante a Páscoa. Aos gritos de *"Mora! Mora!"* (Morra! Morra!, em dialeto siciliano), que se tornou a palavra de ordem do Vespro, homens e mulheres perseguiram e massacraram quem não conseguisse pronunciar a palavra *cicero* – grão-de-bico em dialeto siciliano. Expulsos os franceses, o Parlamento, por fidelidade dinástica, conduziu ao trono Pedro III, o Grande, rei de Aragão, casado com uma herdeira legítima de Frederico II.

Disposto a fortalecer a autoridade real, o soberano chocou-se tanto com a nobreza feudal quanto com as oligarquias urbanas. Teve início a dolorosa Guerra dos Noventa Anos (1282 a 1372). Como o último descendente morreu sem filhos, em 1412 o Conselho da Coroa de Aragão designou rei da Sicília um sobrinho do antigo monarca, Fernando II de Castilha, o Católico, que, como os demais soberanos espanhóis, reinava de longe, sem nunca visitar a ilha. Assim mesmo a Sicília atravessou uma prestigiosa fase, vendo nascer, em 1434, sua primeira universidade, a da Catânia, que viria ampliar a Escola Superior ali instalada pelos árabes ainda antes de 1050. E também a escola de grego de Constantino Lascaris, cuja fama transpôs fronteiras. Em 1504, o rei recuperou o reino de Nápoles, do qual a ilha se separou de novo em 1713, pelo Tratado de Utrecht.

Em 1799 seria a vez de Napoleão Bonaparte submeter o reino de Nápoles, impondo no trono seu irmão, José I. Passada a tempestade napoleônica, porém, e novamente no trono de Nápoles, o rei Ferdinando de Bourbon, rei de Nápoles e da Sicília, aboliu a Constituição siciliana de 1812 e unificou ambos os reinos, tornando-se Ferdinando I das duas Sicílias. Um levante militar, dirigido por revolucionários em 1820, seguido de outro, quarenta anos mais tarde, dessa vez liderado por Giuseppe Garibaldi, levaria a um acordo em que se reconhecia Vítor Emanuel II como monarca do Piemonte e Sardenha. Não demoraria para a Sicília incorporar-se ao novo reino da Itália. Quase um século mais tarde, enfrentaria um movimento separatista que durou apenas de 1945 a 1947.

Após o fim da Segunda Guerra Mundial, e mediante a Constituição de 1948, a Sicília converteu-se numa região autônoma, com amplos poderes de governo dentro da Itália.

No limiar do novo milênio, a Sicília despediu-se do passado de atraso e pobreza, associada à imagem do camponês resistente ao progresso e de uma população refém dos mafiosos, para ingressar na era da modernidade, disposta a enfrentar os desafios colocados pela sua integração à comunidade europeia.

> GIUSEPPE GARIBALDI (1807-1882)
> Revolucionário nacionalista italiano e líder da luta pela unificação e independência da Itália. Por unir-se à Jovem Itália, movimento dirigido por Giuseppe Mazzini, foi condenado à morte em 1834, mas conseguiu fugir para a América do Sul, onde viveu exilado até 1848. No Brasil, apoiou a Revolução Farroupilha e lutou pela república de Piratini. Em Santa Catarina, conheceu Anita, que viria a ser sua companheira, e liderou tropas uruguaias contra o dirigente argentino Juan Manuel de Rosas. Ao regressar à Itália, uniu-se ao *Risorgimento*, grupo favorável à libertação e unificação da Itália. Conduziu a luta contra os austríacos e os franceses, mas a inferioridade numérica o obrigou, novamente, a fugir. Em 1854, estabeleceu uma aliança com Vítor Emanuel II, rei da Sardenha, e comandou, em 1850, uma vitoriosa expedição contra as forças austríacas dos Alpes. Tomou a Sicília em 1860, estabelecendo ali um governo provisório insular, enquanto tomava Nápoles. O reino da Itália foi fundado poucos meses depois, e Vítor Emanuel, proclamado seu rei. Nem Roma, protegida por tropas francesas, nem os territórios do norte da península, que se encontravam em poder dos austríacos, pertenciam ao novo Estado. Garibaldi ainda formou a Sociedade para a Emancipação da Itália, contrapondo-se a Vítor Emanuel, para conquistar Roma e os Estados pontifícios. E, quando a Itália anexou Roma em 1870, foi eleito membro do Parlamento italiano.

## DON CORLEONE E OUTROS *CAPOS*

É inevitável. Falou em Sicília, pensou em máfia, essa sociedade secreta que rendeu centenas de artigos, livros, documentários e sempre fascinou Hollywood. Quem não se lembra de *O poderoso chefão III*, rodado em Fiumefreddo? Afinal, o que vem a ser esse organismo que defende os interesses de um grupo e se sustenta à base de ações fora da lei?

Teses e especulações não faltam. Até sua denominação é controvertida. Alguns afirmam tratar-se de uma corruptela do árabe *mahfal* (reunião de muitas pessoas) ou de *mahyas* (proteger, defender alguém). Outros dizem que máfia seria uma sigla da máxima "*Morte ai francesi Italia anela!*" (A Itália aspira a morte aos franceses!), ecoado na Páscoa de 1282. Porém, se levarmos em conta o fato de que a língua muçulmana há muito deixara de ser falada, e que a palavra de ordem do levante (Vespro) foi "*Mora! Mora!*", numa época em que nem existia o conceito histórico de Itália, a raiz do vocábulo, de acordo com certos estudiosos, seria outra. Ele derivaria do toscano *maffia* (miséria), que penetrou na Sicília logo após a unificação da Itália em torno de 1862, quando uma organização secreta teria germinado entre as classes populares como defesa contra o poder dos grupos afluentes.

Segundo os historiadores a máfia teria surgido em 1670, a partir da confraria dos *Beati Pooli*, criada por nobres para preservar a própria casta. Como ia contra qualquer tipo de dominação, colheu a simpatia do povo e cresceu. Pouco se sabe sobre a máfia, em grande parte devido à rigorosa disciplina de seus membros. Mais do que uma ação entre amigos, a máfia é um negócio. As famílias, dirigidas pelos *capi*, impõem a lei do silêncio (*omertà*), exigem total obediência e praticam vinganças (*vendetta*) contra quem se opõe a seus mandamentos ou faz alguma denúncia. Na Sicília ninguém sabe, ninguém viu. As regras que mantêm a coesão e invisibilidade da organização são às vezes reveladas por mafiosos arrependidos. Nela a hierarquia é indiscutível, todos devem se ajudar em qualquer situação, a ofensa a um dos membros é tomada como ofensa a todos e o alcaguete não tem perdão, pode ser liquidado de uma hora para outra, assim como toda a sua família.

Em 1912, quando houve eleição direta na ilha, os mafiosos conseguiram ocupar os governos locais, e começaram a tornar internacional a sociedade secreta, indo em direção aos Estados Unidos. Com a primeira grande leva de imigrantes italianos que chegou à América, estava Vito Cascio Ferro, o célebre Don Vito, que fundou a *Moro Nera* (Mão Negra), em Nova Orleans, reunindo em torno de si os conterrâneos que aportavam na América em busca de uma vida melhor. Esses *oriundi* (imigrantes), em sua maioria analfabetos e católicos, ao chegarem em um país em processo de modernização e de credo protestante, distribuíram-se pelos postos de trabalho braçal, sobretudo nos portos. E foi justo por aí, com a instituição do *pizzu* (extorsão cobrada como taxa de proteção para mercadorias), que a máfia começou a crescer na casa do Tio Sam. Mas foi a promulgação da Lei Seca, em 1920, celebrizada em dezenas de filmes de gângsteres, que consolidou a máfia italiana nos Estados Unidos. A atividade caseira e secular de transformar uva em vinho impulsionou o comércio ilegal de álcool e, nove anos depois, os chefes regionais em atividades na América fundaram a *Cosa Nostra*, como forma de proibir a entrada de estrangeiros na máfia.

Na década de 1930 os mafiosos descobriram o rentável filão das drogas e, com a Segunda Guerra Mundial, o tráfico de armas, sempre sob o disfarce de negócios lícitos no setor imobiliário ou petrolífero. Também atuavam como agentes duplos, informando tanto o serviço secreto dos aliados quanto os países do Eixo. Um fato impressionante ocorreu quando os Estados Unidos precisaram desembarcar na Sicília em meio à guerra. O mafioso Lucky Luciano, que estava preso em Nova York por exploração de prostitutas, obteve a redução da pena de 35 para 9 anos. Em troca, ele usou sua influência e prestígio para que os americanos desembarcassem sem problemas em Palermo, cidade italiana e, portanto, alinhada com os alemães.

Nos dias de hoje a máfia, internacionalizada e fortemente ligada ao narcotráfico, perdeu a aura de mistério e *glamour* que despertava no imaginário daqueles não diretamente por ela afetados. Na Sicília, centenas de membros foram encarcerados, incluindo o chefe supremo, Totò Riina, da cidade de Corleone, e Nitto Santapaola, preso na Catânia. Os dois juízes de direito que ousaram desafiar a poderosa "instituição", sendo por isso assassinados em 1992, transformaram-se em mártires e emprestaram seu nome ao aeroporto de Palermo, batizado Falcone-Borsellino em sua homenagem.

## ALGUMAS CIDADES

### Agrigento

Fundada pelos gregos sobre uma montanha, a antiga Akgras, enaltecida pelo poeta Píndaro como a mais bela cidade dos mortais, ostenta, entre suas joias arquitetônicas, as ruínas do vale dos Templos dóricos, que adquirem a cor de mel durante as horas mais quentes do dia. Com histórias e características diferentes, formam um impressionante conjunto arquitetônico que nos transporta ao cenário de 2.500 anos atrás. De todo o sítio arqueológico destaca-se o templo da Concórdia, o monumento mais bem conservado da Magna Grécia, datado do século V a.C. Outro que esbanja opulência é o templo de Giove Olímpico, um imenso edifício erguido sob a ordem do ditador Terone. Com uma área de 6.340 metros quadrados, foi certamente uma das construções dóricas mais grandiosas da época. O templo de Hércules é o mais antigo entre os construídos em

Sicília revisitada: uma viagem cultural e gastronômica

Akgras e data de 520 a.C., e o de Esculápio, dedicado ao deus da medicina, já foi rota de peregrinação dos enfermos e sofredores. Da praça Marconi é possível admirar todo o vale sob o horizonte azul do mediterrâneo.

Mas não é só o que nos oferece a cidade mais ao sul da Itália. Agrigento ainda possui um recanto medieval, com ruas estreitas e íngremes, bem atrás da piazza Romana, que foi berço do dramaturgo Luigi Pirandello (1867-1936) e do filósofo Empédocles, que sobre o fausto de seus cidadãos escreveu: "os agrigentinos constroem templos como se não morressem nunca e como se fossem morrer no dia seguinte".

Conquistada em 210 a.C. pelos romanos e em 827 pelos árabes, que ergueram castelos nas colinas ao redor do vale, até 1927 era chamada de Girgente, sua denominação sarracena. Viveu o esplendor nos períodos renascentista e barroco, estilo presente na maioria dos monumentos que sobrevieram. Mas outras obras arquitetônicas igualmente testemunham esse passado grandioso. A província de Eraclea Minoa constitui um parque arqueológico fascinante, com seu anfiteatro grego que remonta ao século IV a.C. No restante das construções em Agrigento, observam-se várias faces da arte na era cristã, como a Igreja Medieval de Santa Maria dos gregos, erguida por volta do século XIII, a Basílica de São Francisco de Assis, do barroco, e o palácio do Relógio, em estilo gótico, datado de 1851, e no qual funciona hoje a sede da Câmara de Comércio.

De atividade cultural e artística intensa, além de praias paradisíacas, tem entre suas delícias culinárias os pratos feitos com cogumelo e carne de porco.

## Caltanissetta

Escavações na sua parte sul revelaram traços de uma população siciliano-grega. Sofreu o domínio dos árabes, normandos e aragãos. Tudo o que resta dos seus históricos monumentos data do fim do século XVI, início do XVII. Atrai aficionados pelo seu *torrone*, biscoitos, pasta de amêndoa e excelente carne de ovelha.

## Catânia

Além de dar nome à planície onde se situa, firmou-se como uma cidade rica e agitada. Perdendo em proporções apenas para a capital Palermo, é considerada a "Milão da Sicília", pela prosperidade e volume de negócios.

Assim como Messina, sofreu forte terremoto em 1697, causando trauma tão profundo que até hoje é possível encontrar placas lembrando o acontecimento e alertando sobre o perigo. Foi esse mesmo evento que aumentou a devoção dos seus habitantes. Todos os anos, na primeira semana de fevereiro, eles fazem a festa de Sant'Agata que, segundo estudiosos italianos, é uma versão cristã do antigo mito Ísis. A procissão, uma das maiores e mais tradicionais da Itália, presta homenagem à santa e roga proteção contra os humores do Etna e os abalos sísmicos.

## Enna

Centro do culto de Demétrio e local de cunhagem da moeda grega desde o século V a.C., foi edificada bem no centro da ilha. Depois de um tempo sob domínio dos gregos, passou para os cartagineses, romanos e sarracenos. Era particularmente apreciada por Frederico II da Suécia e Frederico II de Aragão. Entre seus mais vistosos monumentos, encontram-se o castelo medieval de Lombardia e a catedral reconstruída em estilo barroco, mantendo nichos góticos. Além da imbatível carne de porco, Enna é famosa pelos queijos *piacentino* e *pecorino*, com pimenta e açafrão.

## Marsala

Antiga Lilibelau, tem aparência africana. Os mesmos sarracenos a destruíram e depois a reergueram, denominando-a "Marsah el Allah" (Porto de Deus). É notória pelo seu vinho típico. Foi em Marsala que Garibaldi primeiramente desembarcou na Expedição dos 1.000, que libertaria a Sicília e a Itália do sul do domínio dos Bourbons.

## Messina

A cidade que deu nome ao estreito é a principal porta de chegada dos europeus e tornou-se mundialmente conhecida após o impetuoso terremoto que a arrasou, em 1908, atingindo mais de 60 mil pessoas. Situada no noroeste siciliano, com mais de 275 mil habitantes, fica na costa do estreito homônimo. Cidade portuária, ainda abriga respeitável complexo de indústria alimentícia e têxtil. Foi fundada pelos gregos no século VIII a.C. e subjugada pelos romanos no ano 264 a.C., desencadeando a primeira Guerra Púnica. Teve inúmeros governos após a ocupação dos sarracenos, no século IX, e dos normandos, no século XI, dominada por Carlos V e John da Áustria. Mas como foi praticamente destruída pelo terremoto de 1908, possui poucos monumentos remanescentes, como a Catedral de Santa Maria do Vale. Centro universitário, no inverno é invadida por estudantes que vêm de diferentes lugares, movimentando a cidade e contribuindo para incrementar a renda de idosos e aposentados, que alugam quartos para os jovens, aliviando a rede de hotéis e pensões escassas para atender à demanda.

Estrela de sua opulenta fauna marinha, o peixe-espada pode ser degustado numa das várias *trattorias* com vista para o lago Ganzirr. Ali a especialidade local é servida num molho feito com seu próprio caldo, acompanhado pelo vinho branco Bazia. Quanto à sobremesa, é de dar água na boca a *Pignolata* – pequenos bastões de 2 centímetros de comprimento feitos com farinha de trigo e gema de ovos, que, depois de fritos, são cobertos com calda morna de chocolate amargo.

## Mondello

Considerada a praia de Palermo, da qual está a cerca de 10 quilômetros, é um dos mais conhecidos *resorts* da ilha, com vista para um castelo mouro do século X, na pequena cidade vizinha de Carini. Nas proximidades, acima da praia de Addàura, no monte Pellegrino que desce até Punta di Priola, e meio escondidas entre o verde, estão as grutas de Addàura. De grande interesse paleontológico, essas cavernas contêm desenhos de figuras humanas e de animais datadas do período Paleolítico. Se o visitante se estender um pouco mais pela rodovia estrutural, a uns 12 quilômetros de Carini, passando por Punta Ràise, chegará a Terrasini, cidade com 10 mil habitantes, que vive de pesca e agricultura. Lá encontra-se o Museu Cívico, dividido em três seções: história natural, arqueologia e etnoantropologia, que inclui o museu de carros da Sicília.

## Palermo

Capital e o mais movimentado porto da Sicília, sua população supera 730 mil habitantes. Tendo passado para os romanos depois da primeira Guerra Púnica, foi bizantina, sarracena e finalmente normanda. Sob Frederico II da Suécia, transformou-se num centro de cultura humanista e científica. É marcada por uma interessante mistura de traços europeus e orientais, com vestígios árabe-normandos e renascentistas. Representativa desse amálgama de gostos estéticos, sua catedral, finalizada em 1185, projeta para o alto cúpulas desenhadas segundo modelos de mesquitas ou de palácios barrocos.

Embora nunca tenha sido ocupada pelos helenos, o nome da cidade vem do grego *panormos* (porto de todos). Desde sua fundação no século VIII a.C., pelos fenícios, sempre foi um entreposto comercial do Mediterrâneo. Situa-se em um anfiteatro natural chamado Conca d'Oro (Concha de Ouro), protegida entre os montes Pellegrino e Alfano. Seu centro antigo é dominado pelo Porto de La Cala, hoje transformado em três marinas com uma bela vista da baía. Uma boa pedida é conhecer as igrejas da cidade construídas de acordo com os mais diversos estilos. O Palazzo Reale, também conhecido como Palazzo dei Normanni, construção iniciada pelos árabes, serviu de residência aos normandos e foi sede do poder na Sicília desde a dominação bizantina até os dias de hoje. Ao lado do palácio está a Cappella di Ruggero, erguida em 1134, com a incrível mistura de mosaicos bizantinos, arquitetura árabe e normanda.

Um lugar impressionante em Palermo são as Catacumbas dos Capucinos. Nas suas numerosas galerias subterrâneas estão pelo menos 8 mil despojos mumificados de pessoas que viveram entre os séculos XVII e XIX. Em pé ou sentados, a maior parte veste ainda as roupas de gala que trajavam em vida. Sem o emprego de qualquer produto químico especial para impedir a decomposição, os corpos mantêm-se em bom estado graças ao sistema natural de ventilação das galerias. No passado, a distração predileta dos palermitanos, aos domingos, consistia em visitar os entes queridos para verificar se continuavam "inteiros". Os que não resistiam à ação do tempo eram recompostos pacientemente por meio de arames e envoltos em panos brancos. Um tanto sombrio, o programa não é aconselhável aos mais impressionáveis.

Gastronomicamente, é festejada pelo "peixe azul" (sardinhas, arenque e cavala), além dos sorvetes, frutas cítricas e folhados, como o célebre *cannoli* recheado de ricota, ou o *cuccia*, de origem árabe, feito à base de trigo e creme de ricota a que se junta um pouco de mel. Uma das glórias de sua cozinha vem justamente desse casamento de ingredientes insólitos, que resulta num prato harmonioso de sabor marcante – o macarrão com molho à base de pasta de anchova, sardinhas, cebolas, uvas-passas, nozes e açafrão.

## Siracusa

Assentada na costa sudeste, berço do matemático e inventor Arquimedes, foi fundada por colonos de Corinto em 734 a.C. Dirigida pelos tiranos, ditadores que exerciam o poder na época dos gregos, viveria tempos áureos sob gelo, em 485 a.C., tornando-se a maior potência siciliana da Antiguidade. No seu auge, entre os séculos V a.C. e IV a.C., chegou a ter 300 mil moradores e comandava toda a Sicília. Recebeu o filósofo Platão e o poeta Píndaro. Ali os escultores Eveneto e Cimão cunharam a mais bela moeda do mundo antigo, o decadrama de prata que trazia numa das faces o rosto da ninfa Aretusa cercada por golfinhos.

Entrando em declínio sob domínio dos romanos, sofre invasões sucessivas dos vândalos, godos, bizantinos e sarracenos. Convertida para o cristianismo pelo apóstolo são Paulo, que pregava nas suas pedreiras, foi destruída pelos árabes, no século IX d.C., e pelos normandos, em 1085. Frederico II de Aragão, em 1361, instituiu uma Câmara regional que seria suprimida dois séculos mais tarde por Carlos V. Submeteria-se aos Bourbons, como toda a ilha, até 1860.

Com mais de 125 mil habitantes, é importante porto pesqueiro e mercado central dos produtos agrícolas. Também atrai gente do mundo inteiro para ver de perto as ruínas do seu anfiteatro romano, o altar-mor Híeron, o castelo de Euríalo e a cidadela do século IV a.C. O teatro grego, que data do século V a.C. e é um dos maiores e mais bem preservados do mundo antigo, tem os assentos anatomicamente cavados na rocha para oferecer o máximo conforto ao espectador.

O *Vermicelli alla Siracusana*, com molho de filé de anchova, tomates, azeitonas pretas, pimenta-da-guiné e berinjela, entre outros ingredientes, é seu patrimônio gastronômico. Mas o mesmo macarrão ao molho de lula e queijo *pecorino* é um primo pobre muito comum ao longo da costa siciliana.

> O HERÓI DE SIRACUSA
>
> Arquimedes (287 a.C.-212 a.C.) – sua vida foi pontilhada de episódios que se tornaram lendários. Desligado da realidade, não se lembrava de se alimentar. Arrastado pelos servos para o banho, continuava a desenhar figuras geométricas com os dedos nas cinzas do fogo. Gênio da ciência aplicada, diante do desafio de determinar se uma peça presenteada ao rei era ou não de ouro maciço sem a danificar, ele intuiu que diferentes materiais sofreriam flutuações desiguais do nível quando imersos na água na banheira. Seria possível assim descobrir de que material a peça era feita, sem danificá-la. A descoberta da solução, que ficou registrada como "princípio de Arquimedes", afetou-o de tal forma que ele saiu nu pelas ruas gritando "*Eureka! Eureka!*", que quer dizer "Achei! Achei!".

Com uma alavanca e um ponto de apoio ele provou que seria possível "levantar o mundo". Seu talento em mecânica ajudou a defender Siracusa contra os invasores romanos, graças às catapultas que inventou, capazes de lançar enormes projéteis por meio de intrincados sistemas de contrapesos. Usando pioneiramente lentes de cristal para aumentar a intensidade dos raios solares, Arquimedes focalizou-os sobre a frota inimiga, incendiando a distância os navios romanos. Porém, quando afinal a cidade foi tomada de assalto, o sábio, absorto nos cálculos, não se deu conta da invasão, sendo morto por um soldado que varou seu peito com uma espada.

## Taormina

Num cenário e altitude invejáveis, Taormina é uma espécie de balcão dependurado sobre o mar com vista para o Etna. Lugar mais turístico da ilha, tornou-se *resort* de grande reputação mundial, com castelo, torre do relógio, catedral de estilo gótico e praça principal adornada com uma bela fonte barroca. As praias, como a de Mazzarò, são tão convidativas quanto suas águas sem similares, transparentes graças aos seguidos derramamentos vulcânicos de rochas de calcário que servem como filtro, dando ao mar um azul intenso e marcante. Um dos balneários mais famosos de toda Europa, é conhecido ainda por receber o Festival Internacional de Cinema, um dos mais prestigiosos da sétima arte, durante o mês de agosto.

Não foi por acaso que Luc Besson escolheu Taormina para as melhores sequências submarinas do filme *Imensidão azul*. Ao fim da orla, outras belas surpresas. Uma alameda chique, o *corso Umberto*, que serpenteia pela montanha, vai dando vazão a ruas e pracinhas charmosas. Lá no topo, a 300 metros de altura e até hoje em funcionamento no verão, fica um teatro helênico de 2.300 anos, com incomparável acústica e vista espetacular do mar com o monte Etna ao fundo. Bem ao lado está o hotel Timèo, onde os escritores franceses André Gide e Guy de Maupassant, que deixou um apaixonado livro sobre a Sicília, hospedavam-se. Entre suas paredes, conta-se, os atores Richard Burton e Liz Taylor selavam suas sucessivas reconciliações amorosas.

## Trapani

Vilarejo fundado pelos cartagineses, conheceu o ápice sob o domínio de Pedro de Aragão e Carlos V. A parte histórica é quase toda barroca, embora esse estilo seja muitas vezes atribuído a construções de um período anterior. Sua cozinha oferece embutidos e peixes sortidos.

Exemplo das adaptações que os pratos estrangeiros sofreram nas mãos criativas dos sicilianos é o cuscuz. Ali, o tradicional prato árabe é feito com peixe, em lugar de carneiro ou vegetais comumente empregados. E deve ser degustado com um bom vinho seco.

A ITÁLIA NO SUPERLATIVO: CURIOSIDADES SOBRE A MAIOR ILHA DO MEDITERRÂNEO

- Desde a época clássica, Agrigento é a maior cidade do Mediterrâneo.
- A árvore mais alta e mais antiga da Itália encontra-se no monte Etna. É uma castanheira com 30 metros de altura.
- L'Atelier do Castelo de Tusa é o primeiro hotel da Europa dedicado à arte contemporânea. Cada quarto é uma verdadeira "obra de arte"!
- Em Zibellina, encontra-se a maior escultura contemporânea do mundo a céu aberto, de autoria de Alberto Burri.
- A ilha foi o cenário ideal para os maiores diretores de cinema, como Visconti, Tornatore, Monicelli e Zeffirelli.
- A mais antiga corrida de automóveis do mundo, a "Targa Internazionale Florio di Palermo", teve sua primeira edição em 1906 e prossegue até os dias de hoje.
- As pioneiras do feminismo foram duas sicilianas: Genoveffa Bisso e Isabella Bellini. Meio século antes das suas colegas francesas, em 1735, elas já abordavam o tema em seus poemas.
- O primeiro e mais longo festival da história europeia aconteceu em Taormina. Com peças de teatro, filmes, música e dança, durou três meses.
- A ilha transformou-se no paraíso dos amantes do *jazz*. Concertos anuais reúnem grandes vocalistas e saxofonistas.
- O mais interessante e maior mosaico (árabe-normando) da Itália encontra-se na Catedral de Monreale, em Palermo, com 6.340 metros quadrados. Outra grande obra em mosaico (romano) com 3.500 metros quadrados está na Piazza Armerina, em Villa Imperiale.
- O maior relógio animado do mundo fica na Catedral de Messina.

- Com 12 mil hectares, a maior reserva de pinheiros do Mediterrâneo localiza-se na cidade de Linguaglossa.
- O templo grego mais bem preservado do planeta é o La Concorde, em Agrigento. Em estilo dórico, foi construído no século V antes de Cristo.
- Sciacca é a cidade onde existem as termas mais antigas da Europa.

## MORADA DE DEUSES E DEMÔNIOS

A Sicília não é apenas a maior ilha do Mediterrâneo, mas a região mais vasta e meridional da Itália. O estreito de Messina, com seus 3 quilômetros de largura e 32 de comprimento, separa-a da Itália peninsular e liga o mar Tirreno ao mar Jônico. Com forma vagamente triangular, compreende em seu território numerosas ilhas menores – o arquipélago de Lipari ou Eólio, ao largo da costa setentrional no mar Tirreno, e cujo nome deriva da mitologia grega, segundo a qual Éolo, deus dos ventos, filho de Zeus e de Acesta, o habitava; o arquipélago de Egadi, a ocidente, a pouca distância da costa trapanesa, com mais cinco ilhas; e o arquipélago de Pelagie e de Pantelleria, ao sul, no canal da Sicília.

Planalto onde predominam colinas, que cobrem 62% de seu território, possui 24% de solo montanhoso e apenas 14% de planícies. Tem seu ponto culminante no Etna, o monte vulcânico que impacta a paisagem siciliana, pois é visível praticamente de toda a ilha. Nas suas encostas, férteis graças às cinzas de erupções passadas, sucedem-se as plantações de laranja, limão, oliveiras e figo, além de banana, eucalipto, pinhas e amendoeiras – sem falar nas vinhas, que produzem o delicioso vinho Etna. Acima das florestas de pinho e carvalho fica uma zona árida totalmente estéril.

A principal planície siciliana, a da Catânia, estende-se da fralda meridional do Etna até os primeiros relevos da colina Hilba.

Sulcada por cursos d'água, é notável pela fertilidade dos terrenos, intensamente cultivados. A conformação montanhosa da ilha não permite que se encontre outra zona plana de tão grande extensão. No entanto, devido à importância econômica, merecem menção a planície de Palermo, dita Conca d'Oro, e a planície Milazzo.

Com uma rede hidrográfica pouco significativa, devido às escassas precipitações, a Sicília é praticamente desprovida de lagos naturais. Em contrapartida, inúmeras são as represas artificiais na zona montanhosa. E por causa da sua paisagem variada, não é possível atribuir uma única condição climática homogênea ao território. Em geral, o clima da costa setentrional e oriental e das ilhas menores é brando no inverno e quente no verão, com uma média anual de 18 graus. As costas meridionais e proximidades sofrem a influência dos ventos do norte africano, o siroco, apresentando temperaturas não raro tórridas. Portanto esse sul da Itália é também conhecido como *mezzogiorno* (meio-dia), devido à força do sol e à alta temperatura neste horário. Os visitantes que chegam durante à tarde nos vilarejos encontram as ruas desertas e as casas fechadas, como se estivessem numa cidade abandonada. Mas não é à toa que os sicilianos reduzem suas atividades à tarde para saírem às ruas à noite. As janelas cerradas impedem a entrada das baforadas secas e quentes, preservando o ar fresco no interior. As áreas montanhosas internas, por sua vez, têm um clima rigoroso, caracterizado pelas inversões térmicas e frequentes precipitações de neve nos meses de inverno.

O vulcanismo siciliano tem raízes antigas e extraordinárias manifestações que se prolongam até os dias de hoje. De formação vulcânica são o arquipélago de Lipari, com sete ilhas (Vulcano, Panária, Lipari, Salina, Alicudi, Filicudi e Stromboli) e numerosas ilhotas, como Basiluzzo e Strombolicchio; o Canal da Sicília, com as ilhas de Pantelleria e Linosa, ao lado de numerosos vulcões submersos. E o Etna, é claro, o maior vulcão em atividade da Europa, resultado de umas das erupções submarinas que formaram a planície da Catânia, antigamente coberta pelo mar. Forja de Vulcano na mitologia romana, com 3.300 metros de altura e diâmetro na base de cerca de 40 quilômetros, possui, hoje, quatro crateras ativas - Sudeste, Boca Nova, Voragine e Cratera do Nordeste. Suas erupções, que amedrontam e fascinam, ocorrem em altitudes elevadas, soltando lavas que se movem com lentidão e por isso tornam-se menos perigosas. O Etna é tão admirado desde tempos remotos que até Platão saiu da Grécia em 387 a.C. só para vê-lo.

A montanha do Etna, transformada em parque regional, nos dias mais tranquilos recebe muitos visitantes, que, perto da cratera principal, sentem sua força e imponência. No percurso até o topo há cavernas que se formaram devido à cristalização das lavas provenientes das erupções sucessivas. Com sorte, pode-se chegar perto da lava ou observar a neve eterna dentro dos cortes profundos conservada graças à altitude naqueles verdadeiros frigoríficos naturais. As vilas nos arredores do vulcão são famosas pela fertilidade de suas terras, onde se encontram vinhos com sabores incomparáveis.

## DA AGROINDÚSTRIA À PETROQUÍMICA

A longa dominação de vários povos deixou suas marcas também na economia. No período grego fundaram-se Messina, Catânia, Agrigento, Selinunte e Siracusa, fulcro da vida siciliana que deu impulso ao comércio e à agricultura. Os sabores da Magna Grécia encontram-se hoje na doce romã, nas amendoeiras em flor e, sobretudo, nas imensas extensões de oliveiras e nos parreirais responsáveis pela produção do vinho. Já os romanos não deixaram muita coisa nessas terras. Levaram à Sicília no século III a.C. a prática do latifúndio, causando nos anos seguintes inúmeros problemas e desequilíbrios econômicos. Seriam os árabes que, no século IX, dariam de novo à ilha radioso desenvolvimento. Encontraram terreno fértil e clima brando para introduzirem ali a alfarrobeira, o limão, a cana-de-açúcar, o arroz, o algodão, o sumagre, cujas cascas e folhas fornecem o tanino, a tamareira e a amoreira, ocorrendo o consequente florescimento da indústria da seda. Aos árabes seguiram-se os normandos que, se por um lado foram responsáveis pelo cultivo do índigo, por outro deve-se a eles um lento declínio econômico, consequência da depauperação da vegetação e das florestas. Os espanhóis, por sua vez, legaram à Sicília a cultura das laranjas doces.

    Hoje a economia siciliana atua em três regiões distintas. Na primeira, que compreende as províncias da Catânia, Siracusa e a parte meridional de Messina, desenvolveu-se a indústria química, petroquímica e a refinação do petróleo. Nela a agricultura é intensa e de alta qualidade. Na segunda, onde encontram-se Palermo, Trapani e uma parte de Messina, verifica-se um forte impulso do setor terciário e da construção civil. Por último, na área mais pobre da Sicília, que engloba as províncias de Agrigento, Caltanissetta e Enna, uma agricultura insipiente e o comércio local decadente têm provocado a fuga da população e o declínio contínuo da atividade econômica.

    Em pleno século XXI, a agricultura ainda é o carro-chefe da economia siciliana, envolvendo milhares de pessoas, embora a concorrência de outros países mediterrâneos e a dificuldade em melhorar a eficiência do sistema hídrico estejam minando sua importância. No interior siciliano é praticada em moldes antiquados e concentra-se na produção de trigo que, mesmo pouco rentável, ocupa vastas regiões do território árido. As zonas costeiras, ao contrário, são bem mais férteis e dotadas de sistemas de irrigação avançados que permitem o uso de métodos de cultivo mais modernos.

    A produção de maior destaque, que se estende por quase um terço de toda a terra cultivada, é a de trigo, entre outros cereais. Bem mais rentáveis são as plantações de oliveiras, vinhedos e árvores frutíferas. Na lista é preciso incluir os notáveis vinhos licorosos, como o Marsala, o de uvas passas de Pantelleria ou o Malvasia, dos

Lipari. Mas a cultura de maior lucro é a dos legumes e das hortaliças, espalhada pela zona costeira oriental. É na Sicília que se produz quase a totalidade do algodão italiano.

O setor vinícola conta com uma superfície cultivada de quase 150 mil hectares e uma produção de 9 milhões de litros anuais. Emprega 400 mil pessoas e representa uma das principais atividades da agroindústria siciliana. Contribuindo para impulsionar o turismo, o vinho pode ser degustado nas fazendas produtoras, ajudando a valorizar o patrimônio artístico-cultural da ilha.

Apesar de a pecuária não ter grande relevância econômica, vale lembrar que os cavalos são muito utilizados no interior como animais de trabalho. Os rebanhos de ovelha têm lugar garantido no *ranking* econômico, ao contrário da criação bovina, todavia em desenvolvimento. Com os típicos atum e peixe-espada, a produção pesqueira vem adquirindo relevância cada vez maior.

A Sicília é uma das três regiões italianas, ao lado da Sardenha e da Toscana, a possuir consideráveis jazidas minerais. Por séculos a fio vem se beneficiando da abundante produção de enxofre escoada pelos portos de Palermo, Catânia e Messina, que lhe permite dominar o cenário mundial nessa indústria extrativa. E desde o primeiro poço ativado em 1954, o setor petrolífero e petroquímico tem experimentado amplo impulso. As indústrias metalúrgica e mecânica, contudo, são modestas, enquanto prosperam as fazendas produtoras de azeite, massas, conservas vegetais e pesca, com especial destaque para o atum, a sardinha, o coral e a esponja.

Rica em beleza natural e artística, em tradições e eventos folclóricos, somando nada menos do que 269 sítios arqueológicos catalogados, entre uma infinidade de outros testemunhos artísticos e iconográficos, a Sicília tem dado já há alguns anos especial atenção à indústria do turismo. É difícil estimar o número de visitantes que chegam no verão siciliano. Só os italianos somam mais de 6,5 milhões. Nessa época, as atividades culturais, como festivais de música, cinema, *shows* e programações de cidades e de hotéis agitam a ilha. É também no verão que ocorrem as principais festas folclóricas, como desfiles de roupas tradicionais, procissões e feiras.

Para incrementar a atividade econômica e facilitar a vida dos seus moradores, o antigo sonho de se levantar uma ponte suspensa ligando a ilha à Calábria encontra-se em via de se tornar realidade. O sonho é antigo mesmo, pois Cecílio Metello, na primeira Guerra Púnica, cogitou alinhar 140 elefantes de uma extremidade à outra. Atualmente, uma nova proposta pretende colocar de pé aquela que poderia ser uma das maravilhas do mundo, comparável ao Coliseu de Roma ou às pirâmides do Egito. Mas os intrincados cálculos chegam cercados de polêmica. Deixando de fora as questões sociais e financeiras, há os riscos de ocorrerem tremores de terra nesta que é uma das regiões mais sísmicas do Mediterrâneo, somando-se ao fato de a estrutura da ponte ser vulnerável devido aos ventos fortíssimos do estreito. Mais grave é o afastamento gradual das costas detectado naquele ponto, levando-as dentro de um século a escapar ao abraço da ponte. Tais obstáculos, no entanto, vão sendo contornados, levando-nos a crer que, no futuro, o continente não permanecerá isolado da Sicília.

## ENTRE O SACRO E O PROFANO

Os aspectos mais arraigados dos costumes sicilianos manifestam-se, sobretudo, por ocasião das festas religiosas. Durante as comemorações da Semana Santa, por exemplo, sucedem-se ao ar livre, nas praças e ruas, ritos de sabor arcaico, em que o sacro e o profano se sobrepõem e se fundem. Entre as tradições mais consagradas, que desafiam o passar dos séculos, estão aquelas do Dia de Finados. No dia 2 de novembro, são as crianças que recebem presentes dos mortos – brinquedos e pequenas estátuas coloridas de açúcar, os *bonecos de palco*. Pintados à mão em dourado e prateado, eles relembram os paladinos do teatro de ópera dos bonecos, surgido por volta de 1850. Atividade em declínio, é preservada no Museu de Marionetes de Palermo e no Festival de Morgana, em que, ano após ano, são recontadas e aplaudidas as histórias de Carlos Magno, das lutas dos reis, dos cavaleiros e das guerras contra os sarracenos.

Outro festival muito popular, o das amendoeiras em flor, consegue reunir, à sombra dos milenares templos de Agrigento, o melhor do folclore numa feira colorida e animada, enquanto peças clássicas são apresentadas nos teatros gregos de Siracusa, Segesta e Tindari. Já as Oresteias, em Gibelina, e a Semana Internacional de Música Medieval e Renascentista, em Erice, constituem eventos imperdíveis.

Na terça-feira de carnaval, em Acierale, aos pés do Etna, uma multidão ganha as ruas atirando confete, soltando fogos de artifício e tocando cornetas. Luzes multicoloridas enfeitam as casas. As praças, iluminadas, são tomadas por grupos que dançam mascarados. Já na Catânia, durante o carnaval, as festividades de santa Ágata são comemoradas com um grande baile mascarado que ocupa toda a cidade. A urna com a imagem de Cristo é levada pelas ruas, seguida por clérigos, irmandades, congregações, orquestras e uma infindável procissão de candelabros decorados com flores e flâmulas, velas e todo tipo de aparato religioso em prata e ouro.

No feriado de santa Lúcia, em 13 de dezembro, costuma-se preparar a *Cuccia*, prato à base de trigo duro, leite e pedaços de chocolate. A padroeira, que fica numa capela lateral do templo de Minerva, transformado na catedral de Siracusa, é levada duas vezes por ano para uma visita de três a quatro dias a sua terra natal, Arcadina. Na ida e na volta, é seguida pelos fiéis a pé, em lombo de burros, carroças ou elaborados carros alegóricos. Uma salva de tiros dá as boas-vindas à santa, enquanto os devotos ajoelham-se ao som de cornetas e tambores. E na Sexta-feira Santa, em diversas localidades, um longo séquito vai atrás dos "mistérios", estátuas setecentistas de madeira pintadas com cenas da paixão de Cristo. São Giuseppe é igualmente celebrado. Em seu dia, 19 de março, montam-se magníficas mesas nas quais impera a *Pasta cu li Sardi*, macarrão com molho à base de *pinoli*, erva-doce, azeite de oliva e sardinhas.

Em Piana degli Albanesi, pitoresca colônia albanesa fundada em 1488 que se alcança a partir de Palermo por uma estrada panorâmica, a população preserva seu dialeto e trajes tradicionais. Em datas religiosas especiais, a congregação assiste às missas do ritual ortodoxo grego envergando trajes ricamente enfeitados. Mas é em Salemi, na província de Trapano, e em San Biagio Paltini, em Agrigento, que sobrevive uma das tradições mais antigas. Ali, os moradores ornam as aldeias com pães de oferenda dos mais inusitados formatos, chamados pães votivos.

Nada, porém, se compara à festa de santa Rosália, em Palermo, que começa com um cortejo às 5 horas da madrugada para escoltar a imagem da Marina à Porta Nova. Um esquadrão de cavalaria, vestido a caráter, com trombetas e timbales – espécie de tambor de origem árabe –, precede o carro triunfal, que tem a forma de uma galera romana e acomoda os integrantes da grande orquestra. Todo dourado, leva no topo uma réplica de templo grego adornado com motivos florais e figuras de anjos que velam pela gigantesca estátua prateada da santa.

De acordo com inúmeros pesquisadores, a cidade de Messina possui o maior número de carros alegóricos de toda a Itália e talvez da Europa. Seu uso em rituais festivos, desfiles e procissões provém dos séculos XII e XIII e, com o decorrer do tempo, converteria-se em encenações teatrais ao ar livre. O testemunho mais antigo sobre os carros messinenses em homenagem à Virgem Assunta está na obra de Francesco Maurolico, de 1562. A descrição mais detalhada desse ritual, porém, surge em Niccolò Jacopo D'Alibrando, em livro de 1535. Curioso é que nos seus relatos sobre os festejos em torno do imperador Carlo V, encontramos paralelos com a Festa da Vara, realizada anualmente na cidade de Messina no dia 14 de agosto. Considerada a mais antiga manifestação de devoção em vigor na Europa, ela representa a ascensão da alma da Virgem Assunta aos céus por meio de carros alegóricos repletos de símbolos sacros que se movem durante o desfile, inspirados na *Divina comédia* de Dante.

O majestoso corso abre com a passeata dos gigantes, quando dois colossos montados em seus cavalos desfilam ao som de tambores. No papel de Zanclo Rè (ou Saturno) e sua esposa, Rhea (ou Cibele), os fundadores de Messina, eles simbolizam a força da Sicília diante dos invasores e as lutas entre as cidades pelo comando político da ilha. Dizem que essa tradição remonta ao ano de 1190, durante a estadia de Ricardo I na Sicília por ocasião da Terceira Cruzada. Duque da Normadia e rei da Inglaterra, Ricardo I quis impor-se aos gregos, que, na época, mantinham controle do território e subjugavam seus habitantes. Para intimidá-los, o duque mandou construir uma imponente fortaleza no ponto mais alto de Messina e nela fincou duas estátuas gigantescas, emblemáticas da sua força e imponência. O primeiro, denominado Grifone, de cabelo curto, pele escura e rosto cabisbaixo, simbolizava o grego vencido. O segundo – batizado Mata – representava uma mulher triunfal com traços messinenses e expressão dominadora perante o inimigo.

A partir de 1606 a passeata ganhou a presença de um camelo que retrata a vitória do conde Ruggero sobre os mouros, em 1061. Depois de expulsá-los da ilha, ele entrou na cidade com seus soldados trazendo dezenas de camelos carregados de tesouros.

Artesanato que inclui cerâmica, ferro batido, bordados, renda e os *frazzate* – coloridos tapetes tecidos com minúsculos retalhos, feitos em Erice, também fazem parte da tradição siciliana. Bem como os típicos *carrettos*, misto de carruagem e carroça que fazem as delícias dos turistas e de noivas mais ligadas aos costumes tradicionais. Decorados com pinturas *naïf* (pinturas populares ingênuas, alegres e coloridas) de eventos históricos ou locais, trazem uma profusão de aventuras e guerras, especialmente batalhas de Napoleão I e das Cruzadas.

Mas a Sicília não celebra apenas o passado. Cinema, teatro e dança fazem parte do calendário cultural do concurso Taormina Arte que, ao lado de outros concursos literários instituídos, como Efebo d'Oro, de Agrigento, a Semana Pirandelliana e o Prêmio Mondello, comprovam a presença siciliana no panorama cultural italiano e europeu.

## PASSEIO EM PROSA E VERSO

Com dois prêmios Nobel, a literatura siciliana transita com igual desenvoltura pelo dialeto e pelo idioma italiano. Sua escola poética teve em Frederico II (1194-1250) um grande entusiasta. Incentivando o estudo dos idiomas árabe, grego, latim e hebraico, veículos do saber filosófico e científico, em sua corte a literatura era passatempo de altos funcionários e membros da aristocracia. Fundindo latinismos e provincianismos, o próprio soberano e seus filhos Enrico, Frederico, Manfredi e Enzo, rei da Sardenha, faziam poesia. Já durante o Renascimento, a descoberta dos textos clássicos e da língua grega transformou a Sicília em efervescente centro de estudos. Palermo, Siracusa, Catânia e Messina tornaram-se os mais prestigiosos fulcros culturais da época. Esta última abrigava no mosteiro de São Salvador uma escola de grego de fama internacional.

Os quinhentos assinalam o resgate da língua siciliana contra a predominância do toscano, até então usado nos atos públicos. Nessa fase aflora forte sentimento regionalista que resulta na codificação gramatical do dialeto. E graças a Ortensio Scammacca (1562-1648), autor de tragédias sacras e profanas, o século XVII assiste ao franco desenvolvimento do teatro. A comédia, que floresce em língua italiana e em dialeto, serve-se da sátira para colocar a nu as fragilidades de uma sociedade decadente.

A partir de 1700, fermenta na Sicília a influência da cultura iluminista. E o século seguinte inicia-se com uma disputa entre classicismo e romantismo. Eliodoro Lombardi (1843-1894), poeta que lutava pela independência e unificação da Itália, exprime em versos seu compromisso com os ideais de Garibaldi. Michele Amari (1806-1889) inaugura uma nova perspectiva da crítica histórica com *La guerra del Vespro siciliano* e *História dos muçulmanos de Sicília*, enquanto Giuseppe Pitrè (1841-1916) tem o mérito de iniciar estudos sobre o folclore.

Pouco depois, como reação ao romantismo, o realismo se afirma na Sicília. Luigi Cappuana (1839-1915) ensina que a arte deve indagar e refletir sobre o desenraizamento da vida moderna. Giovanni Verga (1830-1922) é um de seus principais representantes. *Cavalaria rusticana*, conto de sua autoria datado de 1884, seria mais tarde por ele transformado em peça de teatro de grande repercussão. No verismo também beberam Frederico De Roberto (1861-1927), autor de *I vicerè* e *L'illusione*, além de poetas como Giuseppe Aurélio Constanzo (1843-1913) e Giovanni Alfredo Cesareo (1861-1937).

A literatura do século XX deve à Sicília o Prêmio Nobel de 1934, Luigi Pirandello, que viveu entre 1867 e 1936. Poeta e autor de romances, encontraria sua melhor expressão no teatro, do qual é grande inovador. Entre suas obras primas estão *Liolà*, *Pensaci Giacomino* e *Seis personagens em busca de um autor*. O retrato amargo e realista-decadente da aristocracia siciliana do século XIX constitui o cerne do romance póstumo de Giuseppe Tomasi di Lampedusa (1896-1957), *O leopardo*, transformado em filme por Luchino Visconti em 1963.

Elio Vittorini (1908-1966), romancista, crítico e tradutor, desempenha papel fundamental ao renovar a tradição narrativa italiana segundo o modelo do neo-realismo em *Conversa na Sicília*.

Considerada sua obra mais significativa, conta a história de Silvestro, que, ao retornar à aldeia natal, revê sua infância siciliana e o cotidiano miserável de camponeses e proletários.

No campo poético, sobressai em primeiro plano Salvatore Quasímodo (1901-1968), o segundo Prêmio Nobel da ilha, laureado no ano de 1959. Menos conhecida é a poesia metafórica de Lucio Piccolo (1903-1969), e aquela de forte tendência social de Inácio Buttitta (1899-1997), que encontrou no dialeto a melhor forma de expressar a alma do povo siciliano.

Quanto aos contemporâneos que fazem sucesso no limiar do século XXI, vale citar Andrea Camilleri, cujos romances policiais, entremeados de receitas preparadas pelo comissário Montalbano, transformaram *A voz do violino* e *O ladrão de merendas*, entre outros, em *best-sellers* internacionais traduzidos no mundo inteiro – inclusive no Brasil.

## SONS, CORES E FORMAS

Palermo deu à Escola Napolitana um de seus filhos diletos, Alessandro Scarlatti (1660-1725), tido como o maior compositor dramático e autor de cantatas que inspiraram Händel e Bach. Poucas décadas depois, seu filho Domênico tornou-se famoso com suas 555 sonatas para cravo. O talento operístico rendeu frutos na brevíssima vida de Vincenzo Bellini, nascido na Catânia em 1801, e morto precocemente aos 34 anos de idade. Compositor romântico, criou *A sonâmbula*, *Norma* e *Os puritanos*, fechando o ciclo da música clássica. Mas o adepto da música moderna ouvirá de bom grado as peças de Aldo Clementi, cuja sonoridade flui sem barreiras nem limites de frases ou intervalos.

Aqueles que conhecem esta terra *sui generis* com certeza já ouviram falar de uma dança conhecida como siciliana, antiga dança dos pastores que ainda faz uso de vocais e instrumentais dos seiscentos e setecentos. São em geral acompanhadas pelo *fiscaletto* ou *friscaleddo*, flauta de bambu, e o *marranzano*, pequeno instrumento de metal, típico da ilha, cuja lingueta, encaixada entre os dentes do músico e tocada com os dedos, produz vibrações rítmicas.

O canto dos *carrettiere*, condutores das tradicionais charretes sicilianas, pode ser escutado nas ruas, bem como o dos cantantes, modernos menestréis que vão de praça em praça com uma viola e cartazes pintados à mão que ilustram a história apaixonada que entoam. O mais celebrado deles é Cuccio Busacca, cantador dos lamentos pela morte de Turiddu Carnivali, composto por Ignazio Buttitta com a colaboração de Dario Fo. Devido à enorme aceitação dessa modalidade de música, em 1957 foi instituído o I Concurso Nacional dos Cantantes, em Mântua. O prêmio da edição inaugural coube a Busacca, que cantou a saga do destemido salteador Salvatore Giuliano, o Robin Hood siciliano da primeira metade do século XX. No ano seguinte, o prêmio foi dado a Vito Santangelo, outro cantante que gira a Sicília recitando composições, preferencialmente de Buttitta.

Já a ópera de Mascagni, *Cavalleria rusticana*, retratando a vida rústica do camponês siciliano, é inspirada no conto homônimo de Verga. A rica história dessa ilha seduziu Verdi, que recontou em música o famoso massacre contra os franceses conhecido como "as vésperas sicilianas".

No perímetro das artes e da arquitetura, a presença grega reflete-se de forma incisiva sobre seus diversos âmbitos. As fortalezas edificadas a partir do século VI a.C. costumavam utilizar até mesmo lava, como se vê nos sítios arqueológicos de Naxos e Lipari. As construções defensivas eram estrategicamente posicionadas na entrada das cidades para defendê-las contra o assédio inimigo. A urbanização também tem débito com os gregos, em especial com o filósofo e matemático Ippodamo di Mileto (século V a.C.), criador de plantas de residências e de espaços públicos.

A arte sacra, por sua vez, era representada pelos templos e pelos teatros. Situados fora do perímetro urbano, deveriam ser visíveis de longe, ocupando por isso cenários privilegiados. O estilo dórico, levado à Sicília pelos gregos desde o século VIII a.C., transformou a ilha num dos mais extraordinários museus a céu aberto dessa tendência arquitetônica. Proveniente do Peloponeso, o dórico se difunde pela Magna Grécia e atinge o ápice da perfeição na Sicília. Pela simplicidade da estrutura e perfeita harmonia das proporções, esses templos são tidos como protótipos da beleza ideal.

Nas cercanias da maior parte dos santuários gregos havia um teatro para os festejos dionisíacos (Lenaias), em honra ao deus do vinho. Erigidos em madeira e depois em pedra, eram palco das celebrações públicas que duravam dias consecutivos. Incluíam procissões e apresentações de tragédias e comédias interpretadas por elenco formado só de homens, que portavam máscaras diferentes para cada personagem, inclusive de papéis femininos, enquanto ao fundo o coro comentava os eventos.

A escultura da época arcaica (séculos VIII a.C. a V a.C.) encontra na estátua do Efebo de Agrigento um de seus melhores expoentes, embora fosse em Selinunte que, acreditam, houvesse uma escola de escultura local. Da fase clássica que se seguiu, o Efebo de Mozia, em mármore branco, evidencia evolução em relação à anterior. Esse jovem alto, cujas formas revelam o estilo do século V, enverga uma túnica sob a qual adivinha-se seu corpo musculoso. Por outro lado, a quadra helenística (séculos III a.C. a I a.C.) é caracterizada por exprimir emoção e movimento e por conferir às divindades um aspecto mais despojado e de traços humanizados.

Da pintura siciliana, não obstante considerada uma das mais nobres e eloquentes expressões artísticas, definida pelo poeta grego Simonide, do século V, como "poesia muda", poucos testemunhos restaram. Devido à fragilidade dos pigmentos das tintas, pouco resistentes, os únicos vestígios provêm dos vasos.

Os vestígios romanos são menos majestosos e em número inferior àqueles deixados pelos antecessores. Ao longo de sete séculos de dominação (séculos II a.C. a V d.C.), não ofereceram à Sicília monumentos grandiosos, mas sim edifícios públicos, como anfiteatros e termas, além de uma eficiente malha viária. Mas, ao contrário dos helênicos, distinguiam-se no uso do cimento, empregado com maestria para inúmeras finalidades – inclusive para reforçar, com muros, os antigos teatros gregos, para serem usados como circo ou arena de combate entre gladiadores. As habitações urbanas eram similares às dos gregos, ao passo que as suntuosas casas de campo contavam com termas privativas e requintadas decorações em mosaico. Em Villa Romana del Casale, balneário no coração da ilha descoberto sob camadas de lava, pisos do século III em mosaico provam que já se usavam trajes de banho similares a biquínis nos primórdios da era cristã.

Ao serem cristianizados pelos romanos, os sicilianos cavaram catacumbas e levantaram igrejas inspiradas no modelo latino, como a de São Giovanni Evangelista, em Siracusa. Mais imponentes eram aquelas construídas sobre os antigos templos, como o da Concórdia, em Agrigento, e o de Atenas, em Siracusa. No período dos bizantinos, em 535, despontaram numerosos santuários e habitações cavadas diretamente na rocha.

A conquista árabe, desencadeada em 827 na região de Trapani, transformou a Sicília, modificando a paisagem graças a novas técnicas de irrigação e de cultivo trazidas do Oriente. Ergueram-se palácios, mesquitas, minaretes, jardins e fontes. Na decoração arquitetônica pródiga em arabescos, as formas humanas foram substituídas pelos desenhos geométricos. Após dois séculos de dominação muçulmana, os normandos que se assentaram na Sicília na última metade do século XI inauguraram um estilo próprio. No termo "arte árabe-romana" esconde-se uma sutil combinação dos elementos islâmicos, romanos, latinos e bizantinos, aproveitados com sabedoria pelos reis normandos, desejosos de imitar a pompa e o luxo de Bizâncio. Empregaram a energia criativa de seus mestres de obras para erigir monumentos suntuosos no decorrer do século XII, legando às gerações futuras um conjunto arquitetônico em que se associam estilos e materiais variados.

Entre os séculos XIII e XV, a Sicília atravessou longo período de instabilidade política, durante o qual foi governada por numerosos reis que tiveram, em comum, o mérito de levar àquela terra distante grandes criações artísticas e arquitetônicas góticas, estilo pouco apreciado no restante da península. Primeiro vieram as fortificações de Frederico II, depois os palácios urbanos e as igrejas inspiradas no gótico nórdico, e, por último, o gótico catalão. Já as tendências renascentistas e maneiristas só apareceram na ilha por intermédio dos artistas que estudaram com mestres toscanos. O pintor Antonello, nascido em Messina em 1430 e formado em Nápoles, incorporou ensinamentos venezianos e flamengos que lhe permitiram aperfeiçoar-se nas técnicas da então novíssima pintura a óleo, transformando-se no mais célebre artista siciliano. O escultor e arquiteto Ângelo Montorsoli (1505-1563), por sua vez, que estudou em Roma e em Florença com Michelangelo, encarregou-se de fixar o maneirismo na ilha a partir de Messina, onde viveu por dez anos.

Do século XVI em diante, a predominância espanhola marcou o campo artístico, primeiro com um forte impulso contrarreformista e depois com a exuberância de um barroco mais espanhol do que italiano. A profusão de ornamentos caracteriza a escultura e a decoração barroca, enquanto a pintura busca efeitos de perspectiva, com figuras em diagonal ou em espiral.

As descobertas das ruínas de Herculano, Pompeia e Paestum suscitam uma renovada paixão pela arquitetura grega e romana na Sicília. O neoclássico se desenvolve da metade do século XVIII até o início do XIX. Pouco depois vem o naturalismo. Dedicando-se ao estilo de Rodin, com quem se encontrou em Paris em torno de 1880, Domenico Trentacoste, de Palermo, vai aos poucos voltando-se para os temas mitológicos, retratos e nus.

Também filho daquela cidade e formado em Nápoles, Ettore Ximenes interessa em especial aos brasileiros, já que é de sua autoria o monumento em bronze do Museu do Ipiranga, em São Paulo. Seu projeto foi selecionado para comemorar o centenário da independência brasileira. Ximenes morreria em Roma, em 1926, já dono de um estilo de linhas mais sinuosas, típicas do *art nouveau, liberty* ou estilo floreal, que se propagaria, sobretudo, nas artes gráficas e decorativas. Na Sicília, sua figura de maior relevo nesse estilo foi Ernesto Basile (1857-1932), que estudou a arte árabe-normanda e renascentista, para depois aportar no *art nouveau*, cujo mais belo testemunho encontra-se na Villa Malfitana de Palermo, residência da família Whitaker, que tornou célebre o vinho doce de Marsala.

Ainda que não tenha dado origem a nenhuma corrente de repercussão internacional, a Sicília abrigou figuras de destaque para a arte contemporânea. Filho do ilustre escritor, Fausto Pirandello (1899-1975) enveredou pela pintura cubista, alcançando bom equilíbrio entre o abstrato e a arte figurativa. Renato Guttuso (1912-1987), pintor neorrealista formado em Palermo, transfere-se para Roma e Milão, onde reforça sua posição política antifascista, revelando uma tendência que vai do realismo ao expressionismo. Entre os escultores, há Pietro Consagra, que estudou em Palermo e radicou-se em Roma, abraçando a arte abstrata. É de sua autoria a imponente *Stella* na entrada de Gibelina. Emílio Grego, natural da Catânia, inspira-se nas formas clássicas, transitando do corpo feminino às obras religiosas. Por fim, Salvatore Fiume (1915-1997) dedicou-se à escultura, à cenografia e à pintura, obtendo um rápido reconhecimento com uma obra que reflete a diversidade de suas fontes de inspiração.

Para quem quiser saber mais sobre arte recente, existe a *Fiumara d'arte* (Torrente de arte), iniciativa de um industrial siciliano. Situada no maciço de Nebrodi, é uma mostra permanente de obras da atualidade que acolhe artistas de todos os gêneros.

# VIAGEM AO CORAÇÃO DOS SABORES

Assim como nas artes e nos costumes, as raízes da gastronomia siciliana se misturam e se confundem com a história dos gregos, romanos, bizantinos, árabes, normandos, espanhóis, austríacos e franceses. Convivendo por séculos com as tradições estrangeiras, os sicilianos desvendaram os segredos de cozinhas próximas e longínquas, e os incorporaram aos pratos locais. Na mesa siciliana de sabores esfuziantes, manjericão, orégano, azeitonas, alcaparras e alho são matérias-primas provenientes da chamada cultura sicula-grega, também responsável pelo homérico carneiro na brasa e, é claro, pelos vinhos. Os bizantinos trouxeram as especiarias orientais, os queijos picantes e a salsa. Os árabes contribuíram com o cuscuz, o sorvete e a *cassata* (em árabe, o doce típico *quas'at*, "coisa redonda"). Da Índia vieram as berinjelas e com os espanhóis chegaram o tomate, a *caponata* (conserva feita com legumes, frutas secas, etc.), a massa com erva-doce selvagem, o *Pan di Spagna*, o chocolate. A *impanata* ou *impanatiggia* remetem a esse passado ibérico e *fricassè* é palavra de origem francesa.

São receitas que se transformam em uma cozinha mais leve e salutar que substitui a fritura pelo forno. Hoje é possível falar de uma cozinha siciliana moderna, com cruzamentos culturais, sensualidade, influências. É o fermento ativo dessa nova culinária pronta para reinventar e... encantar, com uma gastronomia elaborada com produtos que, aportando dos pontos mais distantes do globo terrestre, encontraram na ilha lugar próprio, graças à inventividade dos que souberam aclimatá-la naquela porção do Mediterrâneo.

Os sicilianos sempre foram grandes *gourmets*. Os latinos diziam: "*Sicilianus cocuus et Sicilia mensa*", ou seja, desde aquela época eles definiam a Sicília como "*top di gamma*". Mas na verdade essa tradição culinária vem de mais longe, da Magna Grécia de Platão, onde surgiram famosos "*chef siculi*", como Mithaecos de Siracusa, autor de *Arte de cozinhar*, do século V a.C., o primeiro livro de culinária de que se tem notícia. Sem falar nos dois irmãos Eraclidi, além do *gourmet* itinerante Archestrato, que até há poucos anos emprestava seu nome a um dos mais prestigiosos restaurantes de Paris. Já o célebre filósofo, botânico e geógrafo árabe Al-Idrisi, no *Livro de Rogério*, de 1154 – considerada a mais completa enciclopédia de seu tempo –, menciona o *vermicelli*, uma massa fininha que ele viu sendo fabricada em Trábia, próximo de Palermo, conferindo aos sicilianos, e não a Marco Polo, a paternidade do macarrão. Ninguém nega que o viajante tenha experimentado no extremo Oriente o espaguete de soja. Mas é fato que o registro na obra de Al-Idrisi o precedeu em cem anos.

A tradição continua na época barroca. "*Il cuoco Nascia*" era o cozinheiro da corte dos Farnese; depois surgiu Procope, criador do famoso Café Procope; e, recentemente, Francesco Paolo Cascine.

Quanto aos antepastos, é curioso lembrar que, tradicionalmente, não eram comuns entre os sicilianos. No lugar de entradas elaboradas, eles preferiam iniciar as refeições com frutos do mar, azeitonas, anchova e *escargots*. Nos dias correntes, porém, tanto nos restaurantes quanto nas *trattorias*, é fácil encontrar toda sorte de *hors-d'ouvre* que abrem o apetite para uma série de pratos surpreendentes. Nas vastas florestas de castanheiras das montanhas Madonie, por exemplo, é possível encontrar deliciosos e carnudos cogumelos frescos, os *funghi porcini*, que os habitantes nativos preparam de diferentes maneiras. Na pequena San Mauro Castelverde, eles são grelhados no carvão e consumidos com algumas gotas de azeite, limão, sal e pimenta. São igualmente apetitosos assados no forno com alho, pimenta, sal, azeite e cobertos com queijo *pecorino* ralado. Da mesma área provêm as sopas de lentilha, que os camponeses tomam no inverno, salpicadas com queijo *caciocavallo*, uma espécie de mussarela defumada, que era transportada no lombo de cavalos.

Sopas, aliás, são uma especialidade siciliana, sobretudo as de legumes, devido à multiplicidade de vegetais cultivados na ilha. Nas vizinhanças de Palermo, um caldo muito comum é aquele feito com alface cozida, cebola fatiada e tomates frescos e temperado com azeite de oliva. Alguns adicionam outros legumes, arroz ou um pouco de macarrão. E como não gostam de desperdício, usam a imaginação e aproveitam até o pão amanhecido. Com ele fazem uma gostosa sopa que leva alho frito com salsinha picada e tomate sem sementes nem casca.

Nas regiões montanhosas, são populares o bife cozido com batatas, o pernil e as costeletas de carneiro assadas em telhas na brasa ao ar livre. Em Piana degli Albanesi, o carneiro vem frito e marinado no vinho, ao passo que, em Ragusa, entra como principal ingrediente de uma torta regional.

No topo de uma colina, o pequeno povoado de Vizzini, que segundo seus 10 mil habitantes teria inspirado Giovanni Verga para ali situar *Cavalaria rusticana*, oferece aos visitantes durante a Páscoa um incomparável cabrito assado com batatas, cebola e tomate.

Segundo o folclorista Salvatore Lo Presti, o coelho agridoce ou frito e a caçarola de *beccaficu*, um pequeno pássaro muito comum na região de Catânia, foi assim apelidado por bicar figos maduros. Eles rivalizam em sabor com o frango recheado e o filé "falso magro", servido em cantinas na ilha inteira com um bom copo de vinho Etna. Igualmente procurados são os grelhados de carne, almôndegas ao molho de tomate e as linguiças cozidas com tomate, cebola e pimenta.

Durante os meses de verão, nas numerosas barracas que movimentam as cidadezinhas costeiras como Mondello e Sferracavallo, perto de Palermo, e Ganzirri, próxima a Messina, aparecem pequenos polvos muito tenros, os *polipi*, fervidos na própria água do mar e servidos com limão. Messina, aliás, é conhecida como o lugar onde mais se come peixe-espada, extremamente comum na costa do mar Tirreno. Ali os restaurantes o preparam segundo as mais diversas receitas, entre as quais sobressaem o peixe à *Ghiotta*, o *Braciolettine di Pescespada* e o *Maccaruni à Ghiotta di Pescespada*. Realizada à noite, sua pesca é um espetáculo à parte. Utilizam-se barcos chamados "la tonnara", com uma espécie de torre em cujo topo fixam a lâmpada que atrai e cega os peixes. Quando eles se aproximam da embarcação, o pescador instalado no alto da torre avisa os colegas, que então fisgam os peixes com lanças especiais. Logo que saem da água, têm a pele e a cabeça retiradas para secar em bastõezinhos (*stock-fish*) antes de receberem grande quantidade de sal. De consistência dura, similar à madeira, ficam irresistíveis fritos ou grelhados.

Na ilha de Lofateu o *merluzzo* desova e é pescado. Após passar por um processo de secagem, que tem início em fevereiro e dura até junho, ganha o nome de *stoccafisso*, derivado da antiga língua holandesa – *storkvisch* – que significa "peixe que seca em um bastão". Aberto, salgado e esticado em lugares ventilados, vira nosso conhecido bacalhau.

Tão importante para a economia da ilha, o peixe ganhou até um museu que destaca sua produção industrial, que remonta a 1830. Mas o processo que transforma o *stoccafisso* foi descoberto em 1432 por um nobre veneziano, capitão Querini, que naufragou perto de Lofateu. Salvo por habitantes da ilha da Sardenha, acabou aprendendo as técnicas da pesca e da preparação do *merluzzo*. Na cidade de Messina compra-se o *stoccafisso* já pronto para o consumo nas inúmeras lojas especializadas no seu preparo. Antes de ser consumido, ele é batido com um martelo, serrado e cortado em pedaços para descansar em tanques especiais com água durante cinco a seis dias para amolecer. Só quando dobrar de peso e volume estará pronto para ir para a cozinha, onde é preparado segundo as mesmas receitas do bacalhau. É preciso lembrar de retirar a espinha dorsal, o rabo e a cartilagem, deixando apenas a pele para que se mantenha inteiro, sem partir.

Já Panarea, uma das belas ilhas Lipari, oferece atraentes lulas recheadas com queijo *caciocavallo*. E em Stromboli, a mais distante das ilhas do mesmo arquipélago, que se alcança após longa viagem por aerobarco a partir de Milazzo, o *cernia* (peixe local) ao forno é servido com um vinho branco seco da região. Nesse paraíso – que se celebrizou graças a um filme ali rodado, com Ingrid Bergman sob a direção de Roberto Rosselini, com quem a atriz manteve tórrido romance – uma flora exuberante enche os olhos de buganvílias, gerânios, petúnias, rosas e figueiras. Os enroladinhos de peixe-espada com queijo *pecorino* derretido e os croquetes de atum completam o riquíssimo cardápio insular.

Uma excelente maneira de provar as delícias mediterrâneas é seguir a rota dos festivais gastronômicos, que ocorrem em toda Sicília durante o ano inteiro. Além de dar ao visitante a possibilidade de ver de perto a zona de produção dos melhores alimentos e bebidas da ilha, os festivais representam o encontro do prazer de comer bem, com os augúrios de uma boa colheita, boa pesca e farta produção de carne e de queijo.

Nessas ocasiões, as atrações culturais incluem concertos, apresentação de grupos folclóricos e de companhias dramáticas, exposição e venda de produtos de artesanato e jogos tradicionais. Seguindo a rota dos festivais alimentares pode-se realizar um autêntico périplo gastronômico, degustando *in loco* as comidas típicas de cada lugar. Começando em janeiro, na pequena cidade de Altofonte, ocorre o festival do azeite de oliva, e o da coalhada, tanto em San Ângelo Muxaro quanto em Sant'Elisabetta; em fevereiro o *cannoli*, espécie de folhado com recheio de creme de ricota fresquíssima, enche os olhos e agrada ao paladar em Piana degli Albanesi. Março é dedicado ao vinho em Gela e à amêndoa em Vicari, enquanto em Cerda e Sciara, no mês de abril, as *trattorias* e restaurantes oferecem larga seleção de pratos à base de alcachofra.

Junho vira sinônimo de mar em diversos recantos desta ilha mágica. O peixe-espada reina absoluto em Marsala, ao passo que o delicado sabor do peixe azul será melhor apreciado em Terrasini, Trabia e Trappeto. No mês seguinte, em Santo Stefano de Quisquinia,

Basicò e Collesano, podem-se experimentar diversas variedades de queijo, incluindo o célebre *caciocavallo*. Em Cabo d'Orlando, Terrasini e Cefalú, à beira de rochas que formam um paredão geométrico de 300 metros de altura, em agosto os peixes são preparados na brasa no meio das praças. Acrescenta um sabor especial lembrar que ali foi rodado *Cinema Paradiso*, do siciliano Giuseppe Tornatore, ganhador do Oscar de melhor filme estrangeiro em 1990. Em setembro é a vez da ótima rosca chamada *bucellato* atrair *gourmets* e glutões para Campioforito e Montelepre. Mais diversificado, o mês de outubro contempla todos os gostos com pães diversos em Ítala, pêssegos em Leonforte e lótus em Misilmeri. Em novembro, o azeite de oliva recende em Chiaramonte; e nas pequenas Calascibetta, Marineo e Bolognetta, dezembro traz consigo o gosto rústico da salsicha assada com pão caseiro. Tudo isso, é claro, acompanhado do imbatível vinho siciliano.

Os festivais são, ao mesmo tempo, excelente oportunidade para admirar a paisagem agrícola – árvores de frutas cítricas ao longo da costa, amendoeiras em suave florada prenunciando a primavera sobre as colinas. No interior, trigo, vinhos, oliveiras e os pés de alfarroba, nêspera e figo constituem atração à parte. É, portanto, nos festivais que se entra em contato com aquela Sicília nem sempre presente nos guias turísticos.

Comumente empregados nas receitas sicilianas, limão, alcachofra, berinjela, alcaparra, azeite, tomate, brócolis e o orégano, além do azeite de oliva, têm sua própria história para contar.

### Alcachofra (*Cynara scolymus*)

Originária do litoral mediterrâneo, era familiar aos gregos antigos, que a cultivavam em hortas e jardins. Vive por vários anos, atingindo até 1,2 metro de altura, e suas folhas formam um tufo com 2 metros de largura. Ao centro da sua folhagem projetam-se hastes retas que sustentam um botão de flor comestível – a alcachofra propriamente dita. Da família da alface, dente-de-leão, margarida e girassol, entre outras, contém cinarina, substância amarga que estimula as secreções do fígado e da vesícula, regularizando as funções do aparelho digestivo. Por isso tem ação curativa nos casos de cirrose, icterícia e inflamações, prevenindo cálculos na vesícula e insuficiência hepática. Possui funções diuréticas e hipoglicemiantes, sendo altamente recomendável aos diabéticos. Rica em ferro, é indicada contra anemia e raquitismo. Flor de múltiplas virtudes, é ingerida cozida. A água que sobra do seu cozimento serve para fazer caldos e sopas.

De acordo com a medicina caseira, não há nada melhor para purificar os pulmões do que alcachofra levemente fervida. Seu suco misturado ao do limão é aconselhado contra asma. Adicionado ao suco de cebola, torna-se excelente para a revitalização dos hemofílicos.

A alcachofra gosta de clima ameno, com temperaturas entre 18 e 19 graus e estações do ano bem marcadas, com verão quente e inverno frio. No Brasil é cultivada em regiões serranas como São Roque, no estado de São Paulo, e em Teresópolis, no Rio de Janeiro. Locais muito quentes e secos determinam a abertura precoce do "botão", prejudicando sua qualidade.

### Alcaparra (*Capparis spinosa*)

Arbusto que mede até 1,5 metro de altura, típico de solos secos ou até mesmo áridos, do qual se extraem os botões conhecidos pelo mesmo nome da planta. Do litoral mediterrâneo, espalhou-se naturalmente para toda a bacia em direção às ilhas Canárias e Marrocos. Acredita-se, contudo, que seu primeiro hábitat foram as paragens secas da Ásia central e oriental, visto que *caper* vem do grego *kápparis*. Com uma longa história para contar, constituía mercadoria comercializável para os helenos e seu uso já era mencionado pelo sábio romano Plínio, o Velho.

Planta perene que se adapta melhor às temperaturas elevadas, não resistindo ao frio nem a ventos fortes, pode frutificar por mais de duas décadas a partir de dois anos após o plantio definitivo. Seus botões devem ser colhidos fechados e verdes, de junho a setembro, e são deixados em tabuleiros durante 24 horas, para murchar. Quanto menores as flores, maior o valor comercial.

Entre seus componentes ativos estão o glucósido, a pectina, a saponina e um flavonoide. Usada com finalidades terapêuticas antes de entrar nas receitas culinárias, já servia como planta medicinal para os sumérios em 2000 a.C., bem como para os gregos e os romanos. É hoje recomendada no tratamento contra reumatismo, anemia, artrite e gota. Como diurético, melhora as funções do rim e combate inflamações do fígado.

Apreciada no mundo inteiro, entra nas receitas mediterrâneas de saladas, massas, carnes e molhos. Seu gosto picante, semelhante à mostarda apimentada, vem da reação enzimática com um óleo glicosado, o *glucocaparin*, liberado quando a planta é macerada.

## Alho (*Allium sativum*)

Surgido na pré-história, provavelmente na Ásia central, com aplicações medicinais, é um dos condimentos mais versáteis e mais empregados mundo afora, a ponto de ser impossível cozinhar sem ele. Seus dentes, preparados crus, fritos ou cozidos, inteiros, cortados, picados ou macerados, enriquecem todo prato. Curiosamente, faz parte da família do lírio e é parente da cebola, da cebolinha verde e do alho-poró.

O aroma e o sabor finais do alho dependem mais da maneira como é preparado do que da quantidade utilizada. Inteiro, é leve. Picado, mais forte do que cortado. Atinge sua maior potência quando esmagado, já que libera muito do seu personalíssimo óleo. Assim, o *Poulet aux 40 gousses d'ail*, por exemplo, prato francês de frango recheado com quarenta dentes inteiros de alho, é suave; no espaguete ao alho e óleo, ao contrário, ele aparece marcante, embora seja usado em quantidade bem menor.

Indispensável, o alho tem a vantagem de ser facilmente encontrado o ano inteiro, já que se conserva por meses estocado em ambiente fresco, seco, bem ventilado e livre da luz direta do sol. Aclamado por Hipócrates, o Pai da Medicina, um dos primeiros a descobrir seus poderes terapêuticos, foi um dos remédios mais ministrados no Egito antigo. Também é eficiente, reza a lenda e o folclore, para espantar vampiros e bruxas, cortar mau-olhado e trazer muito dinheiro.

## Azeite de oliva

Extraído de uma das mais de cinquenta variedades de azeitonas, do árabe *az-zaitun*, fruto da *Olea europae*. A oliveira é longeva, capaz de atravessar séculos, e alcança até 18 metros de altura, com folhas estreitas, verde-escuras na face superior e prateadas na inferior. Fonte de óleo alimentício e de combustível para iluminação no passado, é uma das mais antigas plantas cultivadas. Oriunda da Pérsia e da Mesopotâmia, caiu nas boas graças dos egípcios, dos fenícios e dos gregos, que a introduziram na Sicília e no restante do território italiano como hoje o conhecemos. Plantada com sucesso no norte da África, nas zonas costeiras dos atuais territórios da Tunísia, Argélia e Marrocos, a oliveira cruzou o Mediterrâneo, aportando na Espanha e em Portugal. Mas já foi usada por Ramsés III, que ofertou ao deus-sol, Rá, os olivais em torno de Heliópolis: "Destas árvores pode ser extraído o óleo mais puro para manter acesa as lâmpadas do teu santuário", diz o faraó num papiro egípcio do século XII a.C. E na *Bíblia*, quando a pomba solta por Noé voltou para a arca com um ramo verde de oliveira no bico, todos entenderam que as águas baixaram depois do dilúvio.

Os romanos, por sua vez, acreditavam que Rômulo e Remo, fundadores de Roma, abriram os olhos debaixo dos galhos de uma oliveira. Como poucos, eles se esmeraram no cultivo da azeitona e no aperfeiçoamento da extração de seu óleo. De tão estratégica, a atividade era controlada pelo governo, passando para mãos particulares com a decadência do Império Romano.

Da mesma forma que a videira, durante a Idade Média a oliveira foi cultivada nos mosteiros. Seu óleo iluminava as igrejas, enquanto o vinho servia aos ritos litúrgicos. Responsáveis por disseminar a planta mundo afora, os missionários espanhóis introduziram-na no Peru, de onde passou para o México e depois para a Califórnia. Os religiosos fizeram o mesmo na Argentina e na Austrália. Mais recentemente, a oliveira seduziu a África do Sul e a Nova Zelândia.

O azeite de melhor qualidade vem da fruta saudável e inteira, que deve ser esmagada logo após a colheita, pois a fermentação é rápida. No processo, alguns produtores continuam a usar antigas moendas de granito, enquanto outros optam por modernos equipamentos de aço inoxidável, prensas hidráulicas, máquinas de centrifugação e decantador.

O grau de pureza do azeite é determinado, entre outras coisas, pela menor acidez, perfeição da cor, aroma e sabor, indo do extra-virgem ao óleo do bagaço da oliva que sobra na prensa hidráulica ou na centrífuga.

Espanha, Itália e Grécia estão entre os maiores produtores atuais de azeite de oliva. Fica em Madri a sede do International Olive Oil Council, que desde 1956 difunde os usos e aufere a qualidade desse elemento fundamental na dieta dos países mediterrâneos.

### Berinjela (*Solanum melongena*)

Enquanto alguns afirmam que brotou na Índia, há 4 mil anos, outros acreditam que veio da China. Durante muito tempo, porém, foi preparada de modo rudimentar, mergulhada na salmoura para ser extraído o "amargo", e depois assada com especiarias. Não há notícias de seu consumo entre os antigos gregos e romanos, mas os árabes desenvolveram com ela receitas como o *babaganuch*, pasta de berinjela feita com molho de *tahine*, azeite, limão e alho. Assim, ao invadirem a Europa no século VIII, os árabes introduziram seu cultivo nas áreas mediterrâneas da França e da Itália, onde as plantações se estenderam pela Puglia, Calábria e Sicília.

A exemplo de outros produtos forasteiros, a berinjela não foi acolhida entusiasticamente na Europa. Suspeita de causar demência e epilepsia, ela de fato contém certa porcentagem de solanina, substância que provoca distúrbios intestinais, mas que some após o cozimento. Ameaçadora para as mentes supersticiosas, mas irresistível ao paladar, acabou conquistando seu lugar na cozinha mediterrânea. Mas a velha crença popular já a tinha batizado de *solanum insanum*, de onde derivou a designação *mela insana* (maçã louca), alcunha criada pelos italianos, que hoje a chamam *melanzana*. Os franceses elegeram *aubergine*, do árabe *al-badingian*, que também responde pela denominação espanhola *berenjena* e pela portuguesa, berinjela. Em 1750, o naturalista sueco Carl von Linné classificou-a como *Solanum melongena*, da família das solanáceas, a mesma do tomate, batata, pimentão e pimentas. Já os ingleses optaram por *egg plant*, ou seja, planta de ovo. Apesar de estranho, o nome faz sentido, já que por anos a fio eles a usaram como planta ornamental, cultivando uma variante que produz pequenos frutos ovalados e brancos, parecidos com o ovo.

Antes desprezada, a berinjela passou a ser vista com outros olhos. Hoje a ela se atribuem vários efeitos benéficos. Seu consumo habitual reduziria o nível de colesterol no sangue e as gorduras no fígado; eliminaria as "areias da bexiga"; e atuaria como diurético, estimulando o funcionamento dos rins. E suas possibilidades culinárias são infinitas. Quando cortada no sentido do comprimento, assada e servida com sal e azeite, torna-se impecável companhia da carne. Assada no forno, convertida em purê e temperada com azeite, suco de limão, anchovas e pimenta, vira "caviar de berinjela". Reduzida a cubos, frita em azeite e acrescida de cebola, aipo, azeitonas, alcaparras, vinagre e polpa de tomate, é saboroso antepasto. Fatiada e passada na farinha, dourada no azeite e levada ao forno, com mozzarela, molho de tomate e queijo parmesão, vira berinjela à *parmigiana*, receita tradicional da Itália, país em que ela vira conserva e sobremesa: com pistache e suco de laranja, a "marmelada" de berinjela.

Planta arbustiva de quase um metro de altura, tem polpa carnosa e sabor suave. Rica em proteínas, contém vitaminas B e C, além de muito cálcio. Prefere solos arenoargilosos, férteis e bem drenados. Nas regiões quentes, dura o ano inteiro, frutificando após 90 a 110 dias.

## Brócolis (*Brassica oleracea*, var. *italica*)

Também chamado de brócolo ou couve-brócolo, é uma hortaliça nativa das costas do mar Mediterrâneo. Seu nome vem do italiano *brocco*, que significa broto, numa alusão à parte mais apreciada da planta, seus botões de flor. Acredita-se que descenda da couve selvagem (*Brassica oleracea*, var. *sylvestris*), bem semelhante à couve comum.

Na fase do crescimento, fica parecido com a couve-flor de hastes mais compridas. Quando são deixadas para abrir, suas flores revelam, num amarelo bem forte, quatro pétalas dispostas em cruz. Possui cinco vezes mais cálcio e cem vezes mais vitamina A do que a couve-flor, ao lado de muita vitamina B1, B2, B5 (niacina), C, sais minerais de cálcio, ferro, fósforo, potássio e enxofre. Dele se aproveitam até os talos, que ajudam a combater anemias, manter o bom funcionamento dos rins, vesículas e intestinos e defender o organismo contra infecções. Embora no Brasil não seja costumeiramente consumido cru, como salada, esta constitui a melhor maneira de assimilar toda sua vitamina C. É aconselhável cozinhá-lo no vapor ou em fogo brando, para não amolecer. Fica ótimo em sopas, bolinhos, omeletes e refogado. O suco de brócolis é um calmante bastante eficiente.

Planta de clima ameno, cresce sob temperaturas de 7 a 22 graus, resistindo a geadas leves. Alguns exemplares híbridos produzem bem até os 28 graus. Requer terrenos arenoargilosos, com boa umidade, mas bem drenados.

### Limão (Citrus limon)

Levado por Colombo para as Américas, é uma das frutas mais usadas no mundo inteiro. Nada nele é desperdiçado. O sumo serve para refrescos, sorvetes, molhos e aperitivos, bem como remédios e xaropes. Da casca retira-se uma essência aromática usada em perfumaria e no preparo de licores e sabões.

Excelente fonte de vitamina C, contém ainda vitaminas A e do complexo B e sais minerais como cálcio, fósforo e ferro. Seu suco é um ótimo tônico e bactericida, mas não deve ser tomado puro devido à acidez, prejudicial ao estômago. Fácil de ser encontrado durante o ano todo, tem variedades de aspecto semelhante, mas tamanho e textura diferentes. As mais comuns são o limão-galego, pequeno e suculento, de casca fina e lisa, verde-clara ou amarelo-clara; limão-siciliano, maior, verde, de casca enrugada e grossa, menos suculento e mais ácido que o primeiro; limão-cravo, parecido com uma mexerica, de casca e suco avermelhados e sabor acentuado; limão-taiti, com tamanho médio, casca bem verde e lisa, muito sumo e pouca acidez.

Na culinária, suas aplicações são inúmeras. Para dar um gosto especial aos bolos, basta acrescentar raspa de casca de limão. O melhor tempero para ostras, guarnece legumes cozidos, peixes e assados. Mas as utilidades desse cítrico não se restringem à cozinha.

Se na Índia a mulher escolhia o marido atirando-lhe um limão, é na Itália onde se encontram os maiores produtores mundiais do limão, cujo maior exemplar de que se tem notícia pesava 2,83 quilos.

## Orégano (*Origanum vulgare*)

Era uma vez um príncipe que atendia pelo nome de Amaracus. Ele morava na ilha de Chipre e vivia fazendo perfumes. Certo dia, ao misturar essências, viu surgir uma fragrância das mais arrebatadoras. O príncipe alquimista inebriou-se tanto que acabou morrendo, mas foi transformado em orégano pelos deuses do Olimpo que presenciavam a cena. Assim reza a lenda grega sobre o orégano, erva aromática e medicinal nativa da Europa Ocidental e da Ásia. Da família das *Labiadas*, da qual fazem parte hortelã, alecrim, tomilho, poejo, manjericão, melissa e alfavaca, cresce em tufos com 40 a 80 centímetros de altura. Possui folhas ovaladas e pontudas, com pelugem embaixo. Suas flores são brancas, rosa, lilás ou vermelhas.

Além de enriquecer o sabor na culinária, o orégano ativa a digestão e, dizem, o apetite sexual. Em *pizzas* e molhos, com as folhas frescas ou secas, esse tempero levemente picante passou a fazer parte dos usos culinários brasileiros, sobretudo no sul, onde já salpica saladas, assados, sopas e patês.

Ao lado do alecrim e do manjericão, costuma ser colocado em ramos nas gavetas e armários para repelir insetos. Como se não bastasse, ainda afasta o mau-olhado, de acordo com respeitados feiticeiros. Erva de clima temperado, gosta de sol e não se dá bem no frio.

## Tomate (*Lycopersicum esculentum L. Solanaceae*)

Hortaliça de maior expressão econômica e muito difundida no mundo inteiro, da mesma família da batata, berinjela, pimentão, pimenta e jiló, originou-se das regiões andinas da América do Sul.

Introduzida no México em épocas remotas, ali foi domesticado e intensamente cultivado. Batizado pelos astecas de *tomati* ou *jitomate*, esse fruto carnudo foi levado à Europa pelos conquistadores espanhóis. Incorporado à culinária do Velho Mundo, provocaria uma verdadeira revolução nas receitas, nas técnicas de preparo, no aroma, na cor e no sabor dos melhores banquetes daquele continente. Largamente difundido, é de imediato associado à Itália, onde se tornou um ingrediente essencial na *pasta nostra* de cada dia, entrando em outros pratos típicos do país. É possível imaginar o que seria da *pizza* sem o tomate? Isso para não falar dos molhos de espaguete e dos incontáveis pratos italianos que têm no tomate, amplamente aceito nas cozinhas da China, do Japão e da Índia, ingrediente substancial.

Curiosamente, o tomate enfrentou restrições entre os europeus. No início considerado venenoso, foi cultivado como planta ornamental e serviu de ração por dois séculos. "O tomate é mais bonito que bom", sentenciou o médico italiano Costanzo Felici (1525-1585). Suas virtudes culinárias começaram a se impor primeiro na Espanha, de onde seguiu para o reino de Nápoles, figurando no livro *O cozinheiro galante*, de 1773, do *chef* napolitano Vicenzo Corrado. Dali seduziu o norte italiano, o sul da França e a Córsega, caindo nas boas graças de Paris no fim do século XVIII, onde os aristocratas franceses, atribuindo-lhe propriedades afrodisíacas, dariam-lhe o nome de *pomme d'amour*, ou seja, pomo ou maçã do amor. Já para os italianos é *pomo d'oro* ou *pomodoro*, ou melhor, pomo ou maçã de ouro, seja por seu valor na cozinha, seja pela coloração amarelada que adquire no processo de amadurecimento.

No século XIX, quando afinal o tomate se consagrou, o compositor Rossini, autor de *O barbeiro de Sevilha*, ensinava: "Para que os macarrões resultem apetitosos, necessita-se de boa massa, ótima manteiga, molho de tomate e excelente parmesão. E uma pessoa inteligente que saiba cozinhar, adereçar e servir". Mas, como não frutifica no frio e os europeus não passavam mais sem ele, trataram de desenvolver maneiras de conservá-lo durante o inverno, quando não havia colheita. Tomavam forma os molhos naturais ou temperados de tomate. Hoje industrializado, é extremamente popular entre os italianos, que consomem em média 50 quilos anuais do produto por habitante.

O fenômeno se repetiu nos Estados Unidos. As primeiras plantações irromperam no século XVIII na Louisiana colonizada pelos franceses. A conversão norte-americana culminou com a assimilação do molho *ketchup*, paixão nacional que o artista plástico Andy Warhol (1930-1987), mestre da *pop art*, imortalizou no quadro com a lata de sopa de tomate da Campbell's. Na Espanha é tema da La Tomatina, batalha campal realizada anualmente desde 1944 em Buñol, na região de Valência. Ali, na última quarta-feira de agosto, milhares de pessoas vestem suas roupas velhas e atiram milhares de tomates umas nas outras.

Nos dias atuais, são catalogados cerca de 5 mil tipos de tomateiros, cujos frutos têm poucas calorias (14 em 100 g), 91% de água e são repletos de vitaminas A e C, ácido fólico, cálcio, frutose, potássio e sais minerais. Preferem climas secos e frescos e não suportam geadas. A China, que agora usa o tomate em múltiplos pratos, tornou-se campeã mundial da produção, seguida pelos Estados Unidos, pela União Soviética e pela Itália. O Brasil, que não fica atrás dos grandes produtores, cultiva inúmeras variedades, incluindo o pequeno e redondo tomate-cereja, quase obrigatório nas saladas cruas.

Já os tomates secos eram apreciados desde os tempos dos romanos. Há vários séculos são desidratados no sol quente do sul da Itália. Os tomates especiais para a secagem são pequenos, rígidos e crescem em cachos. Colhidos no verão europeu, de julho a agosto, ficam pendurados em longos varais para desidratar. O aproveitamento é pequeno: para cada oito quilos de tomates frescos, obtém-se apenas meio quilo de *pomodori secchi*. Cortado em tiras, preparado em *pasta* ou conservado no óleo de oliva, passou a integrar receitas e os aperitivos servidos no mundo inteiro a partir dos anos 1980.

## CELEBRANDO O DEUS DO VINHO

Por seu papel na cultura gastronômica, acompanhando salgados e sobremesas, e contribuindo para enaltecer o paladar de inúmeros pratos, o vinho siciliano merece um capítulo especial. Estranhamente, porém, até meados da década de 1980, poucos se dedicavam profissionalmente ao cultivo da uva e à fabricação da bebida. A situação foi mudando devagar, e hoje a Sicília tornou-se um dos mais importantes centros vinícolas da Itália. Seus brancos e tintos, principalmente os elaborados com a uva *nero d'avola*, destacam-se como produtos de alta qualidade. Mas é graças ao nobre Marsala que os vinhos sicilianos ganharam fama mundial. E um dos grandes responsáveis pela sua divulgação e melhoria foi um vinhateiro que, em 1880, fundou a Casa Pellegrino. Líder de mercado, as vinhas da família estendem-se por mais de 400 hectares, contando com três modernas unidades operacionais. Em suas terras, a tradição e os equipamentos de tecnologia de ponta convivem harmoniosamente, resultando numa produção anual de aproximadamente 5 milhões de garrafas.

### Marsala

Mas o que tem ele de tão especial? Para entender sua magia, é preciso recuar ao século VIII a.C., quando a Sicília era dominada pacificamente por dois povos. O oeste, onde hoje estão Marsala e Trapani, era território dos fenícios, assim como a pequena ilhota de Mothia. Posto fenício de trocas, produzia um vinho encorpado, usado como valiosa mercadoria. Mas os gregos, que governavam Taormina e Siracusa, interromperam a paz em 397 a.C. e, sob o comando de Dionísio, o Velho, destruíram Mothia, fundando Lilibelau, a atual Marsala.

A morte do tirano de Siracusa por embriaguez, durante as Lenaias, a festa em honra ao deus do vinho, em 367 a.C., colocaria um fim ao reinado grego, inaugurando o domínio dos romanos, depois substituídos por outros povos que contribuíram, cada qual à sua maneira, para o cultivo da vinha. Mas a trajetória gloriosa do Marsala só começaria em 1773, com a chegada dos primeiros imigrantes britânicos. Depois de provar o forte vinho local, John Woodhouse, comerciante de Liverpool, aplicou as mesmas técnicas de produção usadas com vinhos similares, como o Porto e o Madeira, em Portugal, e o Sherry de Jerez, na Espanha. A partir daí o Marsala cresceu em personalidade e partiu para ganhar o planeta.

A região onde é produzido possui clima morno e úmido, com pouca chuva, cuja precipitação, na medida certa, ocorre bem antes da colheita. Sob constantes ventos quentes vindos do deserto do Saara e expostos às correntes úmidas do Golfo de Leone, os vinhedos que ficam próximos do mar se beneficiam das noites frescas devido à brisa marítima. Além disso, o Marsala é envelhecido exclusivamente em barris de carvalho – francês, esloveno e americano –, os quais, de acordo com a origem, contribuem para o seu buquê especial, que evolui para aromas como pêssego e damasco, frutas secas e toques de mel e de chocolate. Refrescado, vai bem com entradas, perfuma o escalope que leva seu nome, cai bem com um queijo de ovelha ou cabra. Sendo um vinho de grande versatilidade, pode ser servido como aperitivo (*ruby*) ou com sobremesas (seco). Receitas clássicas como o *Zabaione*, a salada de frutas e o filé de vitela ganham sabor com o vinho Marsala. Para uso culinário, o mais indicado é o *fine ruby*. Os demais, para beber, devem ser servidos a uma temperatura beirando os 16 graus.

### Ulysse Etna Rosso

Produzido nas encostas orientais do vulcão Etna, esse vinho histórico já era mencionado na *Odisseia*, de Homero. Conta-se que o ciclope Polifemo vivia numa grande caverna no monte Etna, onde aprisionara Ulisses. Para escapar e retornar a Ítaca, seu reino, o herói cegou o gigante de um olho só após embebedá-lo com o vinho ali produzido, redundando na lenda do Etna Rosso.

Anterior à era cristã, este tinto é envelhecido três meses em grandes barris de carvalho e refinado por outros três em barricas. Da cor do rubi, com aromas que evoluem no copo, tem um leve retrogosto amargo, mas agradável. Indicado para refeições com grelhados, deve ser aberto uma hora antes de servido.

### Moscato Passito di Pantelleria Khamma

Esse vinho especial vem de Pantelleria, minúscula ilha de clima quente e ventilado. Ali, com as uvas *zibibbo*, secas ao sol, obtém-se um vinho doce com alto teor alcoólico, cuja qualidade muitas vezes o leva a ser comparado aos franceses Sauternes. Dourado, quase âmbar, com aromas intensos e muito persistentes de damasco maduro, figo e rosas, o Moscato tem sabor doce. É recomendado para acompanhar sobremesas secas, tipo biscoito. Pode também ser bebido em contraste com queijos.

### Donnafugata

Produzido em fazendas vinícolas do sudoeste da Sicília que nasceram do empreendimento de uma família que há 140 anos trabalha na produção de vinhos de qualidade. Estendendo-se por toda a região de Santa Marguerita, Contessa Entellina e Montevago, onde se passa parte do enredo do célebre romance *O leopardo*, de Giuseppe Tomasi di Lampedusa, Donnafugata tem suas origens no século XIX. O nome faz referência à rainha Maria Carolina, esposa do rei Fernando IV, da família dos Bourbons, que costumava refugiar-se naquelas paragens quando queria se libertar das premissas reais de Nápoles.

Os vinhedos Donnafugata são cultivados de acordo com as mais novas tendências da bioagricultura. A colheita tem início em meados de agosto e se prolonga até outubro, dependendo da melhor frutificação das diferentes uvas. O vinho feito com as cepas *calabrese* e *perricone* apresenta cor rubi e agradável aroma marcado por frutas vermelhas de boa intensidade e um leve tostado provenientes do envelhecimento em barricas por, no mínimo, seis meses. É um tinto fácil de se gostar, e que combina com pratos de carnes e massas, desde que delicados como ele próprio.

## AGRADECIMENTOS

À colônia siciliana, por meio de Francesco Paternò, vice-secretário-geral da Câmara Ítalo-Brasileira de Comércio e Indústria, que fez a leitura do texto histórico, a revisão dos títulos das receitas em dialeto siciliano e concedeu as imagens; e a Giuseppe Giovanni Pagano, que contribuiu, com indicação de bibliografia, leitura do texto final e comentários, para que a presente visão histórico-cultural sobre esta ilha que aprendi a admirar se tornasse mais interessante e correta. A eles, agradeço a simpática acolhida e as sugestões.

Também agradeço a Francesco Fusconi, do Ente Nazionale Italiano per il Turismo (Enit), pelas imagens cedidas, a Adriana Zanini, do Instituto Italiano di Cultura, pela relação dos melhores *sites* disponíveis sobre a Sicília, bem como a Vladimir Sacchetta, pela leitura crítica dos originais.

# BIBLIOGRAFIA

CORRENTI, Santi. *Breve história da Sicília: das origens aos nossos dias*. Trad. Salvatore De Salvo. São Paulo: Libro Oficina, 2001.

GRISPO, Mario (coord.) *et al*. Sicília: immagini. Palermo: Publisicula, s/d.

Sites consultados:
http://www.agriturismo-sicilia.it
http://www.cicladi.com/foto.html
http://www.enit.it
http://www.geocities.com
http://www.italy.kit.net
http://www.lasicilia.org
http://users.libero.it/nicet
http://www.regione.sicilia.it
http://www.siciliaonline.it

# Índice de receitas

## ENTRADAS, SOPAS E SALADAS

### ENTRADAS

Alivi Scacciati, 19
(AZEITONAS À SICILIANA)

Arancini, 20
(BOLINHOS DE ARROZ RECHEADOS)

Attupateddi ccull' Agghiu e l'Ogghiu, 22
(*ESCARGOT* EM ALHO E ÓLEO)

Cacocciuli Chini, 23
(ALCACHOFRAS RECHEADAS)

Capunatina Siciliana, 24
(BERINJELA AGRIDOCE)

Carote al Marsala, 25
(CENOURA AO MARSALA)

Cassateddi di Caciu i Anciovi, 26
(MEIA-LUA DE QUEIJO E ALICHE)

Cucuzza all'Auruduci, 27
(ABÓBORA AGRIDOCE)

Cucuzzeddi ccu Scapici, 28
(ABOBRINHA À ESCABECHE)

Filetti 'i Pipiruni, 29
(PIMENTÃO EM TIRAS)

Friteddi di Baccalà, 30
(BACALHAU FRITO COM MASSINHA)

Frittata 'cchi Faviani, 31
(FRITADA DE FAVAS FRESCAS)

Milincianeddi Sapurusi, 32
(PEQUENAS BERINJELAS DELICIOSAS)

Milinciani Chini, 33
(BERINJELA RECHEADA)

Milinciani da' Magna Grecia, 34
(BERINJELA À MODA GREGA)

Milinciani Sutt'Ogghiu, 35
(BERINJELA EM CONSERVA)

Peperonata alla Siciliana, 36
(PIMENTÕES À SICILIANA)

Pisci d'Ovu, 37
(FRITADA AROMÁTICA EM FORMA DE PEIXE)

Pulenta a' Siciliana, 38
(POLENTA À SICILIANA)

Torta Pasqualina, 39
(TORTA DE PÁSCOA)

SOPAS

Brodu i Carni, 41
(CALDO DE CARNE)

Brodu i Pisci, 42
(CALDO DE PEIXE)

Brodu Viggitàli, 43
(CALDO DE LEGUMES)

Sciusceddu, 44
(SOPA DE CARNE E RICOTA FRESCA)

Zuppa di Ciciri da' Viggilia, 45
(SOPA DE GRÃO-DE-BICO DA VIGÍLIA)

Zuppa di Fave, 46
(SOPA DE FAVAS)

Zuppa i Baccalà, 47
(SOPA COM BACALHAU)

Zuppa i Vonguli, 48
(SOPA DE VÔNGOLES)

### SALADAS
'Nzalata D' Aranci, 49
(SALADA DE LARANJA)

'Nzalata Di Mari, 50
(SALADA DE ARROZ COM FRUTOS DO MAR)

'Nzalata Di Purpu, 51
(SALADA DE POLVO)

## ARROZ E MASSAS

### ARROZ
Risottu di Cacocciuli e Piseddi, 55
(RISOTO DE ALCACHOFRAS COM ERVILHAS)

Risottu Sicilianu, 57
(RISOTO SICILIANO)

Risu ccà Zucca, 58
(ARROZ COM ABÓBORA)

Risu cchì Milinciani, Pipi i Cucuzzeddi, 59
(ARROZ COM BERINJELA, PIMENTÃO E ABOBRINHA)

Risu cchì Pinoli e Minnuli, 60
(ARROZ COM *PINOLI* E AMÊNDOAS)

Risu ccù Vonguli e Cacocciuli, 61
(ARROZ COM VÔNGOLES E ALCACHOFRAS)

Risu ccù Nuci, Pinoli, Anciovi e Alivi Niuri, 62
(ARROZ COM NOZES, *PINOLI*, ALICHE E AZEITONAS PRETAS)

Risu ccù Ricotta e Sasizza, 63
(ARROZ COM RICOTA E LINGUIÇA)

### MASSAS
Bucatini cchì Sardi, 64
(MACARRÃO COM SARDINHAS)

Lasagni pru Capo d'Annu, 65
(LASANHA DE ANO-NOVO)

Lingui di Passaru a' Siracusana, 67
(MACARRÃO À MODA DE SIRACUSA)

Maccaruni a'Ghiotta di Tunnu, 68
(MACARRÃO COM ATUM BRANCO)

Malitagghiati ccù Nuci e Pinoli, 69
(MASSA COM MOLHO DE NOZES E *PINOLI*)

Pasta à Picurara, 70
(MACARRÃO COM BATATAS)

Pasta all'Aglio, 71
(MACARRÃO AO ALHO)

Pasta cc'a Norma, 72
(ESPAGUETE À NORMA)

Pasta cc'Anciovi e Muddica, 73
(MACARRÃO COM ALICHE E FARINHA DE ROSCA)

Pasta ccà Carni Capuliata, 74
(MACARRÃO COM CARNE CORTADA FINA)

Pasta cchì Ciciri, 75
(MACARRÃO COM GRÃO-DE-BICO)

Pasta cchì Cucuzzeddi Fritti, 76
(ESPAGUETE COM ABOBRINHAS FRITAS)

Pasta ccu Cacocciuli e Ricotta, 77
(MACARRÃO COM MOLHO DE ALCACHOFRAS E RICOTA)

Pasta ccu Maccu, 78
(MACARRÃO COM PURÊ DE FAVAS SECAS)

Pasta cchì Sardi, 79
(ESPAGUETE À MODA DE PALERMO)

Pasta ccu Cacio Picurinu, 80
(*RIGATONI* COM QUEIJO E MANTEIGA)

Pasta ccu Niuru di Sicci, 81
(PASTA COM TINTA DE LULA)

Pasta D'u Malutempu c'Anciovi, 82
(MACARRÃO COM ALICHE PARA OS DIAS DE TEMPO RUIM)

Pasta 'Ncasciata, 83
(MASSA TÍPICA MESSINENSE)

Pasta 'Ncasciata di Ragusa, 84
(MACARRÃO EM FÔRMA À MODA DE RAGUSA)

Spaghetti a' Turiddu, 86
(ESPAGUETE EM HOMENAGEM À CAVALARIA RUSTICANA)

Spaghetti ccà Sarsa di Pisci, 87
(ESPAGUETE COM FRUTOS DO MAR)

Spaghetti cchì Milinciani o Furnu, 88
(ESPAGUETE COM BERINJELA AO FORNO)

Spaghetti cchì Alici, 89
(ESPAGUETE COM ALICHE)

Spaghetti cchì Pummarori Crudi, 90
(ESPAGUETE COM TOMATES FRESCOS)

Tagghiarini a Conca d'Oru, 91
(TALHARIM À CONCA D'ORO)

## CARNES, AVES, PEIXES E FRUTOS DO MAR

CARNES

Agneddu a' Cacciatura, 95
(CORDEIRO À CAÇADORA)

Agneddu all'Auruduci, 96
(CORDEIRO AGRIDOCE)

Agneddu ccà Sarsa i Menta, 97
(CORDEIRO COM MOLHO DE HORTELÃ)

Agneddu o Furnu, 98
(CORDEIRO AO FORNO)

Braciulittini a' Paisana, 99
(ENROLADINHO DE CARNE À CAMPONESA)

Caprettu Aggrassatu, 100
(CABRITO ENSOPADO)

Caprettu Chinu, 101
(CABRITO RECHEADO)

Cartocciu di Sasizza, 102
(LINGUIÇA NO CARTUCHO)

Cunigghiu ccu Alivi, 103
(COELHO COM AZEITONAS )

Cunigghiu Niuru, 104
(COELHO COM VINHO E CHOCOLATE)

Farsu Magru a' Missinisa, 105
(ENROLADO DE CARNE DE MESSINA)

Índice de receitas

Ficatu Frittu ccu Marsala, 107
(FÍGADO FRITO AO MARSALA)

Purpetti all'Auruduci, 108
(ALMÔNDEGAS AGRIDOCES)

Purpetti ccù Marsala, 109
(ALMÔNDEGAS AO MARSALA)

Sasizza 'Nfurnata, 110
(LINGUIÇA AO FORNO)

Rugnuni Ammarsalatu, 111
(RINS AO VINHO MARSALA)

Trippa cchì Milinciani, 112
(DOBRADINHA COM BERINJELA)

Trippa du Cunventu, 113
(DOBRADINHA COM ESPECIARIAS AO FORNO)

AVES
Jadduzzu ccu Milinciani, 114
(FRANGO COM BERINJELA)

PEIXES E FRUTOS DO MAR
Anciovi a' Calavà, 115
(CROSTATA DE SARDINHAS À MODA DO CABO CALAVÀ)

Baccalaru a Schibbeci, 116
(BACALHAU À ESCABECHE)

Braciulittini di Piscispata, 117
(ATUM BRANCO FRESCO ENROLADINHO E RECHEADO)

Braciulittini i Tunnu Friscu a' Ghiotta, 118
(ENROLADINHO DE ATUM À SICILIANA)

Calamari Chini, 119
(LULAS RECHEADAS)

Cuscusu Trapanisi, 120
(CUSCUZ TRAPANENSE)

Merluzzo a' Palermitana, 121
(BACALHAU FRESCO À PALERMITANA)

Pisci e Cacocciuli, 122
(LINGUADO E ALCACHOFRAS)

Pisci i Trapani, 123
(PEIXE À *TRAPANI*)

Piscispada Arrustutu ccù Salmurighiu, 124
(PEIXE-ESPADA GRELHADO COM MOLHO SALMORILHO)

Piscistocco a' Missinisa, 125
(*PESCESTOCCO* À MESSINESA)

Piscistocco Bugghiutu, 126
(*PESCESTOCCO* FERVIDO)

Sardi a Beccaficu, 127
(SARDINHAS RECHEADAS)

Sardi a Beccaficu ccù Sucu, 128
(SARDINHAS COM MOLHO DE TOMATE)

Trigghi a Bagnumaria, 130
(TRILHAS EM BANHO-MARIA)

Tunnu a' Pizzaiuola, 131
(ATUM À *PIZZAIOLA*)

Tunnu a' Matalotta, 132
(ATUM FRESCO À MARINARA)

Tunnu Cunzatu, 133
(PEIXE MARINADO EM ERVAS AROMÁTICAS)

Tunnu Friscu ccù Pummaroru, 134
(ATUM FRESCO ENSOPADO)

Tunnu Ammucciàtu, 135
(ATUM ESCONDIDO)

## MOLHOS

Ragu di Festa, 139
(MOLHO RAGU PARA FESTA)

Ragu i Carni, 141
(MOLHO RAGU DE CARNE)

Ragu i Pisci, 142
(MOLHO RAGU DE PEIXE)

Sarsa di Pummaroru ca Carni, 143
(MOLHO DE TOMATE COM CARNE)

Sarsa di Menta, 144
(MOLHO DE HORTELÃ)

Sarsa i Pummaroru, 145
(MOLHO DE TOMATE)

Strattu du Pummaroru, 146
(EXTRATO DE TOMATE)

Sugu ccù Marsala, 147
(MOLHO *ROTI*)

## SOBREMESAS

Affuca Parrinu, 151
(AFOGA-PADRES)

Bignè ccà Cicculatti, 152
(*BIGNÈ* AO CHOCOLATE)

Buccellati, 154
(TROUXINHAS DE FRUTAS SECAS)

Budino ccù Cicculatti, 156
(PUDIM DE AMIDO DE MILHO E CHOCOLATE)

Budino di Risu ccù Cicculatti, 157
(PUDIM DE ARROZ AO CHOCOLATE)

Cannoli ccà Ricotta, 158
(CASQUINHAS RECHEADAS DE RICOTA)

Cassata Siciliana, 160
(*CASSATA* SICILIANA)

Chiacchiri, 162
(TIRAS DE MASSA FRITAS)

Crema ccu Caffè, 163
(CREME AO CAFÉ)

Crema di Baunidda, 164
(CREME DE BAUNILHA)

Crostata alla Crema, 165
(CROSTATA AO CREME)

Crostata di Fichi, 166
(CROSTATA DE FIGOS)

Cuddura ccu l'Ova, 167
(ROSCA COM OVOS)

Cuddura da Nonna, 168
(BOLO DA VOVÓ)

Cutugnata, 169
(MARMELADA SICILIANA)

Gelu di Muluni Russu, 170
(PUDIM DE MELANCIA)

I Cenci della Nonna, 171
(DELÍCIAS DA VOVÓ)

Macedonia di Frutta ccu Vinu Marsala, 172
(SALADA DE FRUTAS AO VINHO MARSALA)

Mannarini Chini Gilati, 173
(TANGERINAS RECHEADAS FRIAS)

Minni di Virgini, 174
(SEIOS DE VIRGEM)

Miringhi o Scumii ccu Zabaiuni, 175
(MERENGUES COM CREME ZABAIONE)

Munti Iancu, 176
(MONTE BRANCO)

Muntagna di Profitteroli 'cca Cicculatti, 177
(MONTANHA DE BIGNÈ AO CHOCOLATE)

Mustarda, 179
(MOSTARDA DE SUCO DE UVA)

Pan di Spagna, 180
(PÃO DE LÓ)

Panuzzi Duci, 181
(PEQUENOS PÃES DOCES)

Pasta Riali, 182
(PASTA REAL OU MARZIPÃ)

Pignulata Missinisa, 183
(DOCE DE CARNAVAL MESSINENSE)

Pipareddi, 184
(BISCOITOS FATIADOS)

Risu Niuru, 185
(ARROZ COM CHOCOLATE)

Schiacciata 'i Ficu, 186
(TORTA DE FIGO)

Scuma 'ccu meli, 187
(CABELOS-DE-ANJO COM MEL)

Sfinci di San Giuseppe, 188
(BOLINHOS DE SÃO JOSÉ)

Taralli, 189
(BISCOITOS EM FORMA DE "S")

Testa i Turcu, 190
(CABEÇA DE TURCO)

Torta di Carote e Cicculatti, 192
(TORTA DE CENOURA E CHOCOLATE)

Torta di Ricotta, 193
(TORTA DE RICOTA)

Turruni di Scorci d'Aranci, 194
(*TORRONE* DE CASCA DE LARANJA)

Zabaiuni, 195
(CREME DE VINHO MARSALA)

Zuccottu i Gilatu, 196
(BOLO GELADO)